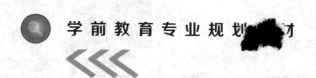

学前教育专业规划教材

学前教育课程基础

XUEQIAN JIAOYU KECHENG JICHU

主 编　王善安　郭光亮

副主编　段 靖　衡若愚

编 委　蒋 希　李雨姝　吴小红

　　　　胡超杰　张 芝

西南师范大学出版社

国家一级出版社　全国百佳图书出版单位

图书在版编目（CIP）数据

学前教育课程基础 / 王善安, 郭光亮主编. —重庆: 西南师范大学出版社, 2018.6
ISBN 978-7-5621-9262-6

Ⅰ.①学… Ⅱ.①王… ②郭… Ⅲ.①学前教育－教育理论－高等职业教育－教材 Ⅳ.①G610

中国版本图书馆CIP数据核字(2018)第099149号

学前教育课程基础
XUEQIAN JIAOYU KECHENG JICHU

王善安　郭光亮　主 编

责任编辑：钟小族

装帧设计：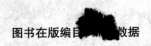　周 娟　钟 琛　何欢欢

排　　版：重庆大雅数码印刷有限公司·张艳

出版发行：西南师范大学出版社

　　　　　网址：http://www.xscbs.com

　　　　　地址：重庆市北碚区天生路2号

　　　　　市场营销部：023-68868624

　　　　　邮编：400715

印　　刷：重庆紫石东南印务有限公司

幅面尺寸：185mm×260mm

印　　张：11.25

字　　数：180千字

版　　次：2018年6月 第1版

印　　次：2018年6月 第1次印刷

书　　号：ISBN 978-7-5621-9262-6

定　　价：38.00元

学前教育专业规划教材

总主编

杨晓萍

学术指导委员会

顾　问：刘云艳　李　静　李姗泽
主　任：杨晓萍
副主任：皮军功　李雪平　徐井万　宋延军　郭光亮
委　员：(以姓氏笔画为序)

王全民　田劲松　孙亚娟　牟映雪　李　旭
李　敏　李阿方　杨　达　杨　挺　杨莉君
宋占美　张家琼　陈世联　赵伶俐　胡　静
夏　蔚　康建琴　程秀兰　魏勇刚

编委会

主　任：杨晓萍
编　委：(以姓氏笔画为序)

王文乔　王其红　王善安　刘志慧　刘　璐　孙亚娟
苏飞跃　李传英　李姗泽　杨　雄　肖素芬　吴志勤
何孔潮　何　茜　余　璐　宋丹凤　宋延军　张利洪
张雪艳　张　骞　陈伦超　岳慧兰　周　昶　赵海燕
赵景辉　胡天龙　胡　莉　胡　静　秦　莉　夏　巍
徐晓燕　郭光亮　黄玉娇　曹　斌

温馨提示

本书配有丰富的教学资源（PPT、教学设计、教学案例……）

可扫描上方二维码进行浏览，获取原版资源请联系我们！

联系电话:023-68252455　熊老师

ZONGXU 总序

　　党的十九大报告指出,我国社会主要矛盾已经转化为人民日益增长的美好生活需要和不平衡不充分的发展之间的矛盾。在学前教育领域,就是人们日益增长的对高质量学前教育的需要和学前教育质量不平衡不充分发展之间的矛盾。目前幼儿教师的专业性薄弱成为制约学前教育发展的关键因素。为了满足社会对优质学前教育人才的需要,我国必须建立健全应用型学前人才培养机制。2010年,《国务院关于当前发展学前教育的若干意见》中指出"师资队伍不健全"是学前教育薄弱环节的主要表现之一,提出要"完善学前教育师资培养体系";2014年,《国务院关于加快发展现代职业教育的决定》再次强调:"在学前教育、护理、健康服务、社区服务等领域,健全对初中毕业生实行中高职贯通培养的考试招生办法。"可见,师资培养已经成为当前学前教育发展的重中之重。

　　教材建设是幼儿教师教育改革的重要环节,直接影响着未来幼儿教师的专业素养。我们立足于学前教育师资培养的实际,着眼于夯实学生的基本理论和基本能力,培养符合时代要求、具有良好专业素养的新型幼儿教师,力求体现时代性、科学性和实践性,组织编写了本套教材。教材的特色体现在以下几个方面:

　　1.编写队伍上,阵容强大,经验丰富

　　本套教材的主编、副主编及参编人员来自各级各类院校、教研机构以及一线名园,均长期从事相关专业工作,有着扎实的理论基础和丰富的实践经验。

2.内容选择上,以生为本,适应学情

教材编写强调以学生为中心,融合"教材即学材"的理念,符合职业教育的培养目标与学生认知规律,适应学生的学习能力和自主学习的需要。

3.呈现形式上,创新模式,易教利学

融入多种板块(如学习目标、学习重难点、知识结构图、案例导入、本章小结、思考与练习)和学习材料(资料链接、人物介绍、拓展阅读),部分学科采取以项目执行来设置教学单元,增强了可读性,易教利学。

4.配套资源上,立体建设,拓展资源

配合教学中的教、学、做、测各环节,采用不同的技术手段,开发了多样的教学资源,具体包括PPT、典型案例、题库、名师名课视频等等,为教学提供全面支持。

总之,本系列教材注意了课程结构,反映了各门课程结构之间的联系和衔接,内容分配合理,既相互联系又相互区别,在帮助学生尽快掌握幼儿教育的基本理论和从事幼儿教育工作最基本的工作技能等方面做了有益的探索。

最后,要感谢参与本系列教材编写和审稿的各位老师所付出的大量辛勤劳动,也要感谢西南师范大学出版社职业教育分社的编辑们对本系列教材的支持和编辑工作。由于编写时间紧、人员能力有限等原因,本套教材还存在一些不足。在使用本教材的教师和学生的关心和帮助下,我们会不断改进和完善这套教材,促进我国学前教育专业的教学改革和课程建设,提高人才培养质量,进而促进学前教育质量的提升。

2018年6月

当前,有关学前教育课程的教材很多,它们各具特色,自成体系。但是这些教材同样存在一些问题,有些教材为了追求知识的科学性、逻辑性,内容晦涩难懂;有些教材因追求内容的浅显易懂,又造成知识体系不够完整。为此,我们编写了这部教材,更加注重教材内容的科学性和实用性,也是对学前教育课程教材的有效补充。

本书是由多所高等师范学院和职业学校学前教育专业的教师共同创作完成的。主编为重庆第二师范学院学前教育学院的王善安副教授,重庆青年职业技术学院郭光亮。编写人员有重庆幼儿师范高等专科学校段靖,四川广播电视大学衡若愚,重庆航天职业技术学院张芝、蒋希,西华师范大学李雨姝,四川省南充师范学校吴小红、胡超杰。具体分工是:第一章(王善安),第二章(王善安),第三章(王善安),第四章(王善安),第五章(郭光亮),第六章(李雨姝、吴小红、胡超杰),第七章(衡若愚),第八章(张芝、蒋希、段靖)。

本书的编排结构是:第一章,学前教育课程概述,主要包括学前教育课程的内涵、性质和特点;第二章,学前教育课程目标,主要包括学前教育课程目标的概念以及制订;第三章,学前教育课程内容的选择与组织,包括学前教育课程内容的概念、学前教育课程内容的选择与组织等;第四章,学前教育课程实施,包括学前教育课程实施的含义与取向、学前教育课程实施的途径;第五章,学前教育课程评价,包括学前教育课程评价概述以及学前教育课程评价的主要内容;第六章,幼儿园教育活动,包括有幼儿园学科(领域)活动、幼儿园单元主题活动以及幼儿园区角活动;第七章,经典学前教育课程理论与方案,主要包括银行街课程、高瞻课程、五指活动课程以及华德福课程等模式;第八章,园本课程,主要包括园本课程概述以及园本课程开发。

本书在编写、出版过程中,自始至终得到了编写组成员所在单位及西南师范大学出版社领导的关心与大力支持,在此表示诚挚的谢意。

本书为学前教育专业学生等初学者设计,同时也适用于幼儿教师。尽管我们力求全面地呈现学前教育课程理论及实践的各个方面,但鉴于水平以及分析、处理问题的视角局限,书中不乏错误与疏漏,敬希广大读者原宥。

MULU **目录**

第 1 章
学前教育课程概述

　　有些幼儿园家长总是抱怨，每次去幼儿园总是看到孩子们在做游戏、搞活动，或者学画画，学唱歌，听故事。很少见到孩子们坐在教室里面认认真真"听课"，这样孩子们能学到东西吗？那么，这些孩子们是否是在学习？孩子们学习的这些内容是否属于课程？幼儿园课程到底是什么？

【学习目标】

1.知识目标：了解学前教育课程的内涵，理解学前教育课程的特点。

2.技能目标：能够根据学前教育课程的特点，初步设计符合儿童身心发展特点的教育教学活动。

【学习重点】

深入理解学前教育课程的内涵及性质。

【知识结构图】

学前教育课程概述
- 学前教育课程的内涵
  - 课程的内涵
  - 学前教育课程的概念
- 学前教育课程的性质和特点
  - 学前教育课程的性质
  - 学前教育课程的特点

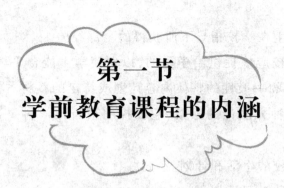

第一节
学前教育课程的内涵

一、课程的内涵

（一）课程的词源追溯

"课程"一词最早出现在我国的唐朝。唐代孔颖达在注释《诗经·小雅》的"奕奕寝庙，君子作之"时提到"维护课程，必君子监之，乃依法制"。孔颖达用"课程"指"寝庙"，寓意"伟业"。既指"伟业"，其含义应远超学校教育的范围，与我们今天所用之意相去甚远。宋代朱熹在《朱子全书·论学》中多次提及课程，如"宽着期限，紧着课程"，"小立课程，大作功夫"等。虽然他对这里的"课程"没有明确界定，但含义是很清楚的，即指功课及其进程。这里的"课程"仅仅指学习内容的安排次序和规定，没有涉及教学方面的要求，因此称为"学程"更为准确。

在西方，"课程"（curriculum）最早出现在英国哲学家斯宾塞 1859 年出版的《什么知识最有价值》一书中。该词源于拉丁语的 currere，意思是指跑马道（race-cource），转义为"学习之道"（cource of study）。[1]也就是学生学习的进程，带有引导学生继续前进并达到预期目标的含义。

（二）课程的概念

对于课程含义的阐述，由于阐述者的哲学假设、价值取向的不同，每个学者对于课程的理解都不一样。江山野主译的《简明国际教育百科全书·课程》里总结了以下九种有代表性的课程定义：[2]

---

① 钟启泉，李雁冰.课程设计基础[M].济南:山东教育出版社,1998:1.
② 江山野主.简明国际教育百科全书·课程[M].北京:教育科学出版社,1991:65.

（1）课程是为了训练集体中的儿童和青年的思维与行动方式所建立的一系列可能的经验。

（2）课程是学生在学校指导下所获得的全部经验。

（3）课程是学校应该提供给学生的，以便使学生能合乎毕业资格、获得证书或者进入职业领域的一般性的整体内容计划或特定的教材。

（4）课程是一种方法论的探索，它要探明被看作学科要素的教师、学生、科目和社会环境等。

（5）课程是学校的生活和计划。

（6）课程是一种学习计划。

（7）课程是为了在学校帮助下使每个学生的个人和社会能力获得不断的、有意义的发展，通过知识经验的重建而形成的、有计划和有指导性的学习经验以及预期的学习结果。

（8）课程必须包括五大领域的严格学习：（1）掌握母语并系统学习语言、文学、写作；（2）数学；（3）科学；（4）历史；（5）外语。

（9）课程是有关人类经验日益广泛的可能的思维方式而不是结论，是结论产生的方式以及建立这些结论即所谓真理并使之发挥效用的背景。

（三）具有代表性的课程定义

古今中外关于课程的定义，可以总结归纳为四个具有代表性的观点：

1. 课程即学科

这是较早、影响较深远的一种观点。西周时期的"六艺"包括礼、乐、射、御、书、数六个方面的学科内容，在这里就有课程的含义。欧洲中世纪的教育内容主要以"七艺"（文法、修辞、逻辑、算术、几何、音乐、天文）为主，正是这"七艺"奠定了当今西方现代学校的课程体系。"课程即学科"观点的基本思想是学校开设的每门课程应该从相应的学科中精心选择，并按照学生的认识水平加以编排。这种课程注重学科的整体体系，通常表现为课程计划、课程标准、教科书三种载体。主要特点表现为：课程体系严格按照科学逻辑进行组织；课程是社会选择和社会意志的表现；课程是既定的、先验的、静态的；课程是外在于学习者并高于学习者的。

2. 课程即经验

这种观点是在对"课程即学科"过于强调课程本身的严密、完整、系统、权威，但却容易忽视学生的实际学习体验和学习过程的反思基础上形成的，认为将课程看成知识容易导致"重物轻人"的倾向。实际上只有那些为学生经历、理解和接受了的东西，才是真正的课程。经验课程不同于学科课程以学科知识的逻辑组织课程，而是以学习者（儿童）的主体性活动的经验为中心组织课程，这种课程与儿童的生活、经验紧密联系，因此也叫生活课程、活动课程、儿童中心课程。①

明确地从经验的维度论述课程起源于20世纪实用主义教育家杜威，杜威在论述教育的本质时提到了"教育即经验的改造与改组"，他认为"教育是在经验中，由于经验、为着经验的一种发展过程"②。杜威甚至提出要把所有的学科知识恢复到被抽象出来以前的经验之后才能交给儿童。

总结起来，课程即经验这种观点的特点主要在于：其一，强调课程是从学习者（儿童）的角度出发设计的，即以儿童为中心组织课程；其二，课程与学习者的个人经验紧密联系，即以经验为中心组织课程；其三，学习者（儿童）是学习的主体。

3. 课程即计划

课程即计划这种观点把课程看成整个的教育计划和学习计划，它强调的是教育工作者"教"和学生"学"的目的性和计划性，这是一种静态的课程观，在一定程度上忽视了学习者的积极主动性和个别差异性，过于强调课程的预设成分。

4. 课程即目标

这种观点把课程看成教育所要达到的目标，也就是对学习者通过学习所达到的结果的期望。在这种课程观的指导下，教育目标的确定成为整个教育的核心任务，教育内容的选择、实施以及评价等方面都要围绕教育目标进行。从目标的维度界定课程起源于博比特、查斯特的工学理论，后来经过"课程之父"泰勒的发展逐渐完善。约翰逊则直接把课程定义为"预期行为的结构化程序"。这种观点过分强调教育的计划性和目的性，忽视了教学活动的灵活性和学生的个别差异性。

---

① 钟启泉.现代课程论[M].上海:上海教育出版社,1989:186.
② 赵祥麟,王承绪.杜威教育论著选[M].上海:华东师范大学出版社,1981:351.

(四)课程的类型

由于课程定义的复杂性,课程类型也会因分类标准的不同而有差异。这里列举了几组常见的课程类型。

1. 分科课程与综合课程

分科课程是一种按学科分门别类地来组织的课程,强调了各学科逻辑体系的完整,学科之间相对独立。综合课程不以学科知识为依据来组织课程,而是强调各学科知识的综合,至于以何种方式综合,则各不相同,比如以单元的、主题的方式等。传统的中小学课程是典型的分科课程,而当今的学前教育课程则倡导综合课程。

2. 显性课程与隐性课程

显性课程就是在学校情境中以直接的、明显的方式呈现的课程,隐性课程则是在学校情境中以间接的、内隐的方式呈现的课程。制度化形态的课程,是有计划的、有预期的教育内容和结果,在组织与实施环节可见的课程形态均属于显性课程。而在学校情境下的学生人际交往、校园文化等均会对学生发展产生隐性的影响,这也属于课程的有机组成部分。

3. 国家课程、地方课程、校本课程

国家课程是由国家规定的课程,它集中体现一个国家的意志,是国家根据人才质量培养的目标而设置的,具有统一性和规范性的特点。教学大纲或课程标准以及由国家组织的根据教学大纲和课程标准编写的教材,就是国家课程的重要内容。地方课程是在国家规定的各个教育阶段的课程计划内,由省一级的教育行政部门或其授权的教育部门依据当地的政治、经济、文化、民族等发展需要而开发的课程。除此之外,还有校本课程。校本课程是指在具体实施上述这两类课程的前提下,通过对本校学生的需求进行科学评估,充分利用当地社区和学校的课程资源而开发的多样的、可供学生选择的课程。

二、学前教育课程的概念

学前教育是教育系统的一个有机组成部分,学前教育课程与其他教育阶段的课程也有某些相似之处,但是由于受教育对象——幼儿身心发展阶段的特殊性,学前教育课程又与其他阶段的课程存在很大的差异性。有关学前教育课程的界定,在不同时期,不同的学者都给出了不同的定义。

幼儿园课程(即学前教育课程)这个词,早在20世纪20年代就已经在我国幼教界普遍使用。比如陈鹤琴认为幼儿园应该给儿童一种充分的经验,这种经验的来源有二,一是与实物的接触,二是与人的接触。应该把儿童能够学而且应该学的东西有选择地组织成系统,应该以儿童的两个环境——自然环境和社会环境为中心组织幼儿园课程。张雪门则主张实施幼稚园行为课程。他认为,课程是经验,是人类的经验,是用最经济的手段,按有组织的调剂,凭各种的方法,以引起儿童的反应和活动。[1]与陈鹤琴、张雪门的课程本质观相比,张宗麟对幼儿园课程本质的理解更为宽泛。他指出,幼稚园课程者,广义地说之,乃幼稚生在幼稚园一切之活动也。它包括一切教材,科目,幼稚生之活动。[2]

(一)学前教育课程即教学科目

这是中华人民共和国成立以来影响我国时间最长、范围最广的一种看法。1952年3月,教育部颁布了由苏联专家戈林娜等人指导,经过部分地区实验和修改而制定的《幼儿园暂行规程》和《幼儿园暂行教学纲要》在全国试行。《幼儿园暂行规程》设置了六个教学科目:体育、语言、常识、计算、音乐、美术。这些科目强调教师应该向幼儿传授那些必要的有价值的知识。

(二)学前教育课程即教育计划

这种课程观试图从课程设计与事实的角度来定义学前教育课程,认为学前教育课程是幼儿园教育活动的总和。这种限制,加强了学习经验的目的性和计划性。[3]

(三)学前教育课程即学习经验

这是20世纪80年代末在我国幼儿园出现的一种课程观。最初将其理解为在幼儿园获得的全部学习经验,后来认为全部学习经验在外延上过于宽泛,将它定义为:"为幼儿精心选择和组织的经验。"[4]笔者认同刘焱先生对学前教育课程的界定,即认为学前教育课程是儿童在幼儿园环境中获得的旨在促进其身心全

---

① 戴自俺.张雪门幼儿教育文集(上卷)[M].北京:北京少年儿童出版社,1994:126.

② 张沪.张宗麟幼儿教育论集[M].长沙:湖南教育出版社,1984:31.

③ 冯晓霞.以活动理论为基础建构幼儿园课程[J].学前教育研究,1997(4):22-26.

④ 唐淑.幼儿园课程实施指导丛书:总论[M].南京:南京师范大学出版社,1997:3.

面发展的教育性经验。这一定义反映了以下几个特点：[1]

（1）学前教育课程的统整性，即学前教育课程是正规课程与潜在课程的统一。

（2）学前教育课程的目的指向与评价标准是促进儿童身心的全面发展。

（3）学前教育课程经验的性质是起教育作用的学习经验，具有正效应。

教师在考虑教什么的时候，既要考虑儿童的身心发展特点与学习需要、学科知识体系，也必须考虑以什么方式引导儿童获得经验。由此，教师不再仅仅是课程的媒介，儿童也不仅仅是课程的受体，教师与儿童都是学前教育课程的建设者。

① 刘焱.学前教育基本原理[M].大连:辽宁师范大学出版社,2002:222.

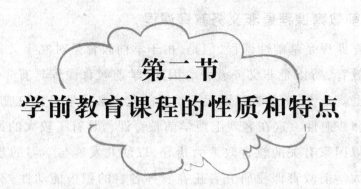

第二节
学前教育课程的性质和特点

一、学前教育课程的性质

考察学前儿童的身心发展特点和社会文化对他们的内在要求这两方面的内容,学前教育课程的性质主要体现在以下几个方面。

(一)学前教育课程是基础教育课程的基础部分

学前教育课程是学前教育的"心脏",承担着学前教育的任务。学前教育是对学前儿童实施的教育,其下一个教育阶段是小学教育。由此可知,学前教育课程是小学课程的前一阶段,二者具有客观连续性。因此,学前教育课程对小学课程必然有奠基作用,二者的这种关系是不可逆的。

基础教育的概念和含义在不同国家亦有所区别。我国将学前教育纳入统一的基础教育制度之内,2016年3月1日开始实施的我国《幼儿园工作规程》总则第二条明文规定:"幼儿园是对3周岁以上学龄前幼儿实施保育和教育的机构。幼儿园教育是基础教育的重要组成部分,是学校教育制度的基础阶段。"

学前教育课程的基础性意味着为以后奠定基础的重要性,更意味着学前教育课程的合理性、科学性以及对学前儿童充分、全面、健康发展的必要性。因此,学前教育课程的基础性早已不是要不要重视的问题,而是必须予以重视、怎样更好地重视的问题。学前教育课程的基础性蕴含着学前教育与小学教育的必然联系,是儿童发展阶段性与连续性有机统一的必然要求,这种必然性不仅是理论上的,也是实践上的。学前教育课程的基础性既是身体方面的,也是心理方面的,既是德、智、体、美等各方面的,也是知、情、意、行等各方面的,因而是全面的基础性。这种基础性孕育着幼儿以后发展的巨大潜能。

（二）学前教育课程是非义务教育课程

学前教育课程是基础性课程，但是，由于学前教育是对九年义务教育之前的儿童进行的教育，所以是非义务教育。因此，学前教育课程具有非义务性，是非义务课程。也就是说，学前教育课程不是适龄儿童必须学习和完成的"任务"，不具有强制性和普遍性。这在客观上使学前教育课程具有了较大的灵活性。但这种灵活性是以国家有关的教育政策为指导，以幼儿发展与学习的规律和特点为依据的。广大学前教育课程研究者正在发挥各自的积极能动性，努力探索适合学前儿童健康发展的课程。学前儿童发展是有规律的，遵循这些规律，探索适宜学前儿童充分健康发展的课程，是课程研究者的任务。

（三）学前教育课程是终身教育的根基课程

幼儿阶段是为整个人生打下根基的阶段，学前教育课程是整个教育课程的根基部分。未来社会是学习的社会，人需要终身学习、终身受教。幼儿处于人生发展的早期，这个时期是生理发育、心智发展、个性萌芽的初级阶段，幼儿开始了初步的社会化历程，面对世界，他们好奇、迷惑，并主动探索，展现自己内在的生命本质。这时候的教育课程，要注意为幼儿今后的发展打下良好的根基。必须注意学前教育课程的启蒙性，并同时注意其奠基性。[1]

（四）学前教育课程是发展适宜性课程

所谓发展适宜性课程，包含几个方面的含义。第一是指学前教育课程适合学前儿童身心发展的客观需要，符合其身心发展规律，但不是仅仅停留于迎合或者迁就学前儿童身心发展的现状。第二是指学前教育课程对学前儿童发展是适当的，提供的影响是经过选择、优化的，具有选择性。第三是指学前教育课程要提供适宜的刺激，促进学前儿童适当发展，既要保证学前儿童达到应有的水平，获得充分发展，又要为其以后的发展奠定基础，即要拓展学前儿童的"最近发展区"。第四是指学前教育课程要充分考虑学前儿童发展的共性，还要满足不同儿童的兴趣与需要，照顾其个性。第五是指学前教育课程还要适当照顾教育者，切合社会发展的客观需要。发展适宜性课程突出两点，一是适宜性，二是发展性。两者是紧密相关的，是学前儿童健康发展和社会发展的客观要求。

---

[1] 陈幸军.幼儿教育学(第三版)[M].北京:人民教育出版社,2010:187.

二、学前教育课程的特点

(一)基础性

学前教育课程的基础性可以从教育体制和人的发展这两个角度来认识。从教育体制的角度来看,幼儿园教育是学校教育的最初环节。《幼儿园教育指导纲要(试行)》指出,幼儿园教育是基础教育的重要组成部分,是学校教育和终身教育的奠基阶段,城乡各类幼儿园都应从实际出发,因地制宜地实施素质教育,为幼儿一生的发展打好基础。这就非常明确地说明了幼儿园教育和幼儿园课程的基础性。课程是学校教育的核心和载体。幼儿园教育在整个教育体系中的位置,也就决定了幼儿园课程在整个课程体系中的位置——整个基础教育乃至学校教育课程体系的基石。

从人的发展的角度来看,学前教育课程的对象是3—6岁的幼儿。幼儿正处于人生的起步阶段,在这个时期,他们的身体迅速发育,心智逐渐萌发,个性开始萌芽。他们的自然生命正在接受人类社会文化的熏陶,进行着社会化的过程。这一阶段所获得的学习经验不仅影响幼儿当时的发展,更会影响幼儿今后乃至一生的发展。因而为幼儿提供学习经验的学前教育课程,其基础性不言而喻。[1]

(二)启蒙性

学前教育课程的基础性,尤其是它在人一生发展中的奠基作用,与学前教育课程的启蒙性息息相关。幼儿园课程的对象是3—6岁的幼儿,处于这个年龄段的幼儿,身体发育迅速,表现出强烈的求知欲,这些都为他们探索周围奇妙的世界提供了基本的条件。但是对于这个神秘而且复杂的世界,幼儿毕竟懵懵懂懂,一个睿智的引导者是不可或缺的。幼儿园教师应该成为这样的引导者,幼儿园课程也就自然担负起启蒙的任务——开启幼儿的智慧与心灵,使他们养成优良的个性品质。因此,学前教育课程的目标应是具有启蒙性的,不宜过高,尤其不应追求过高的认知目标,应使幼儿在原有发展水平的基础上得到初步的身体锻炼和心智启迪,使幼儿在享有快乐童年的同时,身心得到与其发展水平相适应的发展和提高。

(三)生活性

幼儿的年龄特点和身心发展需要,决定了幼儿园教育目标和内容的广泛性,也

---

① 刘立民.幼儿园课程概论(第三版)[M].大连:大连理工大学出版社,2014:4-5.

决定了"保教结合"的教育教学原则。对于幼儿来说,除了学习认识周围世界、启迪心智等内容之外,一些基本的生活习惯和能力,如文明卫生习惯、生活自理能力、自立意识、与人相处时的态度等,都是需要学习的。而如此广泛的学习内容不可能仅仅依靠教师专门设计和组织的教学活动来完成,也不可能只通过口耳相传的教学方式来进行。幼儿只能在生活中学生活、在交往中学交往、在做人中学做人。即使是认知方面的学习,离开幼儿的生活实际,也会变成难以理解、难以唤起学习兴趣的抽象、枯燥的知识灌输。因此,学前教育课程带有鲜明的生活化特征,课程内容要来自幼儿的生活,课程实施更要贯彻于幼儿的生活。综合利用各种教育途径,科学、有效地利用一日生活的各个环节进行教育,是幼儿园课程的一大特点。[①]

(四)游戏性

爱玩游戏是幼儿的天性。游戏是幼儿的基本活动形式,也是他们的一种重要的学习途径。在幼儿园课程中,学习与游戏的关系是辩证统一的。幼儿的游戏中蕴含着丰富的教育价值,能让幼儿在其中积极主动地学习与发展。因此,幼儿的游戏活动本身就是学前教育课程的重要形式,是实施素质教育的重要渠道。即使在教师专门设计、组织和指导的学习活动中,"游戏性"也是非常重要的,即要符合幼儿的兴趣,让他们在没有压力的情况下,积极主动、富有创造性地学习,并获得愉悦的情感体验。为此,2016年的《幼儿园工作规程》中明确指出,幼儿园教育工作的基本原则之一,是以游戏为基本活动,寓教育于各项活动之中。

(五)活动性和直接经验性

儿童心理学表明,儿童主要通过各种感官来认识周围的世界,他们只有在获得丰富感性经验的基础上,才能形成对世界的理解和认识。幼儿的这种具有行动性和形象性的认知特点,使得他们与环境相互作用的活动成为其心理发展的基本条件,也使得幼儿园课程必须以幼儿主动参与的教育性活动为基本的存在形式。对幼儿来说,只有在活动中学习,通过直接的经验、感知,他们的学习才是有意义的学习,他们才能理解这种学习的价值。离开幼儿与环境相互作用的具体、生动的活动,幼儿园课程往往缺乏鲜活的生命力。所以,脱离了儿童的活动和直接经验,教学就会变成记忆力的训练。

---

① 刘立民.幼儿园课程概论(第三版)[M].大连:大连理工大学出版社,2014:7-8.

（六）潜在性

上述学前教育课程的种种特点,决定了它与中小学课程的另一个不同点——潜在性或隐蔽性,即通过环境影响幼儿的发展。潜在性主要体现在以下几个方面。第一,非预期性。对于教育者和受教育者而言,潜在课程的作用往往事先无法预料。第二,不易觉察性。潜在课程的功能与效果,多数情况下不容易看到,具有模糊性。第三,多样性。潜在课程存在于丰富多彩的教育活动或非教育活动中,内容繁多,形式多样。

学前教育课程中具有很多的潜在课程因素,比如:

（1）物质空间类。比如幼儿园建筑的风格、方位、规模、绿化,活动室的大小、照明、色彩、装饰、器具,等等。

（2）组织制度类。比如幼儿园的教育内容与活动安排,教育评价,教育者的教育管理方式,等等。

（3）文化心理类。比如教师的语言,教师的期望与态度,师幼关系,等等。

这些因素都会潜移默化地影响幼儿的健康成长,因此,在幼儿园课程实施中,教育者必须重视这些潜在课程。

思考与练习

1.学前教育课程与中小学课程相比,有哪些不一样的性质?

2.学前教育课程的特征有哪些?

3.如何理解潜在课程因素对学前儿童的影响?

【拓展阅读】

我国第一个统一制定的学前教育课程标准[①]

1928年5月在南京召开的全国第一次教育会议上,讨论通过了陶行知和陈鹤琴提出的"注重幼稚教育案"共7项,其中有一项就是由陶行知提出的"审查编辑幼稚园课程及教材案"。会后,受大学院(后改为教育部)之聘,由陈鹤琴、张宗

---

① 资料来源:周玉衡,范喜庆.学前教育史[M].上海:复旦大学出版社,2009:37.

麟、郑晓沧、葛鲤庭、甘梦丹、杨宝康等人，依据南京鼓楼幼稚园的课程实验结果、中央大学附属幼稚园以及晓庄乡村幼稚园的经验，负责起草了《幼稚园课程暂行标准》，并通过《幼稚教育》月刊和各种教育杂志的《幼稚教育专号》进行交流研讨。1929年9月，《幼稚园课程暂行标准》拟定完成，由教育部令各省市作为暂行标准试验推行，并于1932年10月由教育部正式公布，称为《幼稚园课程标准》。这是我国第一个自己制定的统一的幼稚园课程标准。

《幼稚园课程标准》分幼稚教育的总目标、幼稚园课程的范围、教育方法要点三个部分。其中总目标有四点：增进幼稚儿童身心的健康；力谋幼稚儿童应有的快乐和幸福；培养人生基本的优良习惯（包括身体、行为等各方面的习惯）；协助家庭教养幼稚儿童，并谋家庭教育的改进。幼稚园的课程内容有音乐、故事和儿歌、游戏、社会和自然、工作、静息、餐点，共七项。每一项都分别阐述，各项均列目标、内容及最低限度的要求。"标准"的第三部分是教育方法要点，共列17项，说明幼稚园具体的教育方法。

第 2 章
学前教育课程目标

某幼儿园中班年级组正在开展教研活动,讨论分析张老师的教学活动"我和瓶子做朋友"。分析的焦点集中在教学活动目标上。张老师将这一活动的目标设为:

(1)引导幼儿在各种形式的活动中获得多方面的知识和经验,感受玩瓶子带来的乐趣。

(2)培养幼儿运用已有知识经验解决在活动过程中出现的问题的能力。

(3)鼓励幼儿参与操作类活动,大方地与同伴交往。

很多教师认为这样的目标太宽泛、不清晰、可操作性差。可张老师认为这样的目标是全面的、合适的。你认为呢?

【学习目标】

1.知识目标:了解学前教育课程目标的含义及功能,理解学前教育课程目标的结构体系。

2.技能目标:能够遵循学前教育课程目标制订的依据,撰写教育教学活动的具体目标。

【学习重点】

掌握学前教育课程目标的制订。

【知识结构图】

学前教育
课程目标
- 学前教育课程目标的概念
  - 课程目标与教育目的、教育目标的关系
  - 学前教育课程目标的含义
  - 学前教育课程目标的功能
  - 学前教育课程目标的价值取向
- 学前教育课程目标的制订
  - 制订学前教育课程目标的依据
  - 学前教育课程目标的结构体系
  - 学前教育课程目标的表述

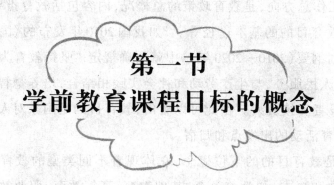

第一节
学前教育课程目标的概念

一、课程目标与教育目的、教育目标的关系

课程目标是教育目的与课程实践之间的桥梁,因此厘清课程目标、教育目标和教育目的之间的关系非常重要。这三个概念在不同层次上体现着教育发展的价值取向和具体任务。教育目的具有宏观性、指导性,一般规定了一定时期内教育发展的总方向。教育目标则是教育目的的具体化,是不同阶段的教育应达成的目标。课程目标则是教育目标的进一步细化,引导着各级各类学校教育活动的开展。在教育系统中,从教育目的到教育目标,再到课程目标,是一个从宏观到微观,抽象到具体的过程。三者之间的层级关系如下图:

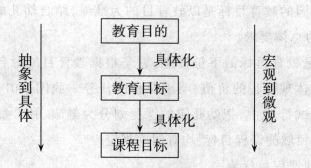

图 2-1　教育目的、教育目标与课程目标的层级关系图

教育目的规定着教育发展的总方向,体现着人们对受教育者身心发展变化的期望,是一定时期内国家对受教育者的质量和规格的总体要求。在我们国家,它往往以教育方针的形式予以规定,从总体上明确了国家与社会普遍的、终极的教

育价值追求。①教育方针是国家根据政治、经济文化发展的要求,为实现教育目的所规定的教育工作总方向,是教育政策的总概况,内容包括教育指导思想、人才培养规格及实现教育目的的基本途径等。②如我国2010年发布的《国家中长期教育改革和发展规划纲要(2010—2020年)》中就明确规定:"坚持教育为社会主义现代化建设服务,为人民服务,与生产劳动和社会实践相结合,培养德智体美全面发展的社会主义建设者和接班人。"由此可以看出,教育目的是国家对人才培养的总体要求,是一切教育活动的出发点和归宿。

教育目标是教育目的的下位概念,它体现着不同类型的教育和不同阶段的教育发展的方向和要求,如学前教育、基础教育、高等教育、职业教育等都分别有不同的教育目标。我国2016年颁布的《幼儿园工作规程》第五条就对幼儿园保育和教育的目标作出了明确的规定:

(1)促进幼儿身体正常发育和机能的协调发展,增强体质,促进心理健康,培养良好的生活习惯、卫生习惯和参加体育活动的兴趣。

(2)发展幼儿智力,培养正确运用感官和运用语言交往的基本能力,增进对环境的认识,培养有益的兴趣和求知欲望,培养初步的动手探究能力。

(3)萌发幼儿爱祖国、爱家乡、爱集体、爱劳动、爱科学的情感,培养诚实、自信、友爱、勇敢、勤学、好问、爱护公物、克服困难、讲礼貌、守纪律等良好的品德行为和习惯,以及活泼开朗的性格。

(4)培养幼儿初步感受美和表现美的情趣和能力。

可见,幼儿园的教育目标是以教育目的为准绳,结合幼儿的身心特点对其发展方向所作出的总体要求。

课程目标是教育目标的下位概念,它是根据教育目的对各级各类教育目标的进一步细化,体现课程的价值,明确课程的任务。我国2001年颁布的《幼儿园教育指导纲要(试行)》中,把幼儿园的课程划分为健康、社会、语言、科学与艺术五大领域,每个领域的课程目标③均有明确规定:

健康领域的课程目标为:

身体健康,在集体生活中情绪安定、愉快;

生活、卫生习惯良好,有基本的生活自理能力;

① 张华.课程与教学论[M].上海:上海教育出版社,2000:150.

② 顾明远.教育大辞典[M].上海:上海教育出版社,1990:59.

③ 教育部基础教育司.《幼儿园教育指导纲要(试行)》解读[M].南京:江苏教育出版社,2002:31—32.

知道必要的安全保健常识,学习保护自己;

喜欢参加体育活动,动作协调、灵活。

社会领域的课程目标为:

能主动地参与各项活动,有自信心;

乐意与人交往,学习互助、合作和分享,有同情心;

理解并遵守日常生活中基本的社会行为规则;

能努力做好力所能及的事,不怕困难,有初步的责任感;

爱父母长辈、老师和同伴,爱集体、爱家乡、爱祖国。

语言领域的课程目标为:

乐意与人交谈,讲话礼貌;

注意倾听对方讲话,能理解日常用语;

能清楚地说出自己想说的事;

喜欢听故事、看图书;

能听懂和会说普通话。

科学领域的课程目标为:

对周围的事物、现象感兴趣,有好奇心和求知欲;

能运用各种感官,动手动脑,探究问题;

能用适当的方式表达、交流探索的过程和结果;

能从生活和游戏中感受事物的数量关系并体验到数学的重要和有趣;

爱护动植物,关心周围环境,亲近大自然,珍惜自然资源,有初步的环保意识。

艺术领域的课程目标为:

能初步感受并喜爱环境、生活和艺术中的美;

喜欢参加艺术活动,并能大胆地表现自己的情感与体验;

能用自己喜欢的方式进行艺术表现活动。

课程目标在教育目标的制约下,直接明确了学校具体教育教学活动的开展价值和取向。

二、学前教育课程目标的含义

(一)课程目标的含义

课程目标的定义很多,最早提出"课程目标"的是美国的教育学者博比特

（F.Bobbitt）。他在1918年出版的《课程》一书中，明确地提出课程目标是"儿童需要掌握和形成的能力、态度、习惯、鉴赏和知识的形式"。[1]我国学者白月桥认为课程目标是指通过具体的教学内容和教学活动使学生在某一时间内发生的性质不同和程度不同的变化结果。[2]中国台湾学者黄政杰教授提出，课程目标是课程设计的方向或指导原则，是预见的教育结果，是学生经历教育方案的各种教育活动后必须达成的表现。[3]从这些有代表性的国内外定义来看，课程目标指的是一定阶段的学校课程给学生发展带来的变化和结果。

（二）学前教育课程目标的含义

通过课程目标的定义，可知学前教育课程目标是指通过学前教育课程活动的开展，幼儿的身心发展应达到的预期变化和结果。该含义可以通过三个方面来理解。第一，阶段性，即幼儿园阶段，特指3到6岁这一年龄段。第二，发展性，包含了幼儿在该阶段的发展过程和发展水平，发展过程表明幼儿的身心变化历程，发展水平则体现幼儿的身心发展所达到的高度。第三，预期性，即课程目标既要反映社会发展的要求，也要体现幼儿发展的生理特点和心理规律。

要了解课程目标的深刻含义，就必须将年龄特征和课程目标区分开来。幼儿在各年龄阶段，其生理和身心发展都具有显著的特点，幼儿的身心发展在各年龄段所表现出来的一般特点就是年龄特征。年龄特征作为课程目标制订的重要依据，反映的是各年龄段幼儿身心发展所具有的普遍的、共同的特点，其指向的幼儿是抽象的、静态的，教师可以将年龄特征作为了解和把握各年龄段幼儿的特点的参考指标。课程目标是在一定阶段通过学习所要达到的目标，课程目标指向的儿童是具体的、动态的、不断发展的个体，而年龄特征不能反映儿童的实际发展状况和个体差异，因而年龄特征不能作为课程实施中的目标。教师可以参考年龄特征制订出符合各年龄段儿童实际发展状况的课程目标。

三、学前教育课程目标的功能

人们在行动之前，总是对行动的结果先有某种判断。同理，课程活动也不是盲目的，幼儿园教师在开展课程活动时也对其结果有自己的预期。然而与其他

---

① Bobbit J. F. The curriculum[M]. Boston: Houghton Mifflin Company, 1918: 42.
② 白月桥. 课程标准实验稿课程目标订定的探讨[J]. 课程·教材·教法, 2004(9): 2.
③ 黄政杰. 课程设计[M]. 台湾: 台湾东华书局, 1991: 186.

的行动不同的是,学前教育课程必须围绕国家规定的幼儿园教育目标来开展。只有如此,方能保证幼儿身心全面和谐发展这一教育目标的达成。

学前教育课程目标是幼儿园教育目标的细化,是幼儿园课程编制、实施与评估的依据。学前教育课程目标在学前教育课程中处于核心地位,是学前教育课程的重要组成部分。

第一,学前教育课程目标具有导向功能。无论是学前教育课程内容的选择和组织,还是学前教育课程的实施,都必须紧密围绕学前教育课程目标来进行。

第二,学前教育课程目标具有调控功能。幼儿园教师在课程活动过程中,可根据课程目标的达成程度和效果来调节课程实施的方法、途径等。

第三,学前教育课程目标具有标准功能。课程目标一旦确立,则自动成为课程评价的标准。

总之,学前教育课程目标是幼儿园课程行动的指南,它使课程行动的各个阶段内在统一、紧密联系,从而成为一个有机的整体。

四、学前教育课程目标的价值取向

学前教育课程目标是学前教育目的和学前教育目标在课程领域的实现形式,总是体现着一定的价值立场,这一价值立场总是围绕着对儿童发展、社会需求和知识的性质三者之间的关系的不同理解而呈现多元化的差异。也正是这种理解上的差异造成学前教育课程目标的多元化取向,当前学前教育课程目标的取向大致可以分为行为性目标、生成性目标和表现性目标。

(一)行为性目标

行为性目标是指以幼儿可观测到的行为变化来表述学前教育课程目标,其关注的是幼儿的行为变化和行为结果。在泰勒看来,行为性目标的陈述方式指出了需要使幼儿发生哪些行为变化,同时也规定了为达到这样的行为目的所要持有的观念、要使用的材料和要创设的特定的情境等。如在"缤纷的水果"活动中将行为性目标设定为:"幼儿能够说出水果的颜色、形状和名称;能够说出自己喜欢的水果,并描述水果的味道。"这一目标设定关注的是幼儿具体的行为变化。

(二)生成性目标

生成性目标是指在幼儿园教育活动过程中生成的目标。其关注点是学前教育课程实施的过程,因此也被称为过程性目标。如在科学教育活动中,教师提出"激发幼儿的好奇心和探究的欲望,培养思维的灵活性",在社会活动中,"让幼儿在活动中理解他人,学会合作"等。由于生成性目标是在幼儿园教育活动过程中产生的,所以其具有模糊性和不确定性的特征。

(三)表现性目标

表现性目标是指每个幼儿在具体的教育情境中所产生的个性化表现,它追求的是幼儿反应的多元性,而不是同质性。因此,表现性目标关注的是幼儿在幼儿园教育活动后的个性化和创造性表现。如在"有趣的小动物"活动中,表现性目标关注的是"说一说小动物们是多么的有趣"或者"谈一谈我对小动物的喜爱"等,而不是"让幼儿能够说出小动物的名称",追求的是表现的个性化、多样性和创造性,而不是趋于同一化。①

---

① 张家琼,王善安,秦澎.幼儿园教育活动设计与指导[M].重庆:西南师范大学出版社,2016:49.

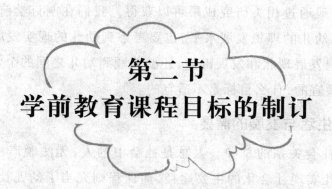

第二节
学前教育课程目标的制订

一、制订学前教育课程目标的依据

学前教育课程目标的确立不是随心所欲的,必须充分考虑到各种因素。目前学界对于如何确立课程目标,观点基本一致,普遍认为至少要反映幼儿身心发展的需要、社会生活与发展的需要、人类知识发展的需要。尽管少数人对于这三者之间的关系还存有争议,但就学前教育课程目标的确立而言,综合考虑幼儿的身心发展特点、社会生活与发展的需要、人类知识发展的需要这三个基本因素是毋庸置疑的。

(一)幼儿的身心发展特点

学前教育课程的目的之一就是要促进幼儿身心全面、健康、和谐的发展,因此课程目标的确立首先就必须充分考虑到幼儿的身心发展特点和学习特点,遵循其发展规律,尤其是要尊重幼儿的发展需要和兴趣,考虑幼儿实际发展状况和可能达到的理想发展状况。学前教育课程目标的制订者必须认真学习幼儿的身体动作发育、认知思维发展、情感萌发、社会性发展以及个性养成等方面的科学研究成果,并内化为自身的幼儿观、教育观,在此基础上制订出来的课程目标才具有科学性和合理性。

学前教育课程应该充分考虑到幼儿的身心发展特点及其规律,但并非是在幼儿的现有发展水平和特点后边亦步亦趋,学前教育课程应具有前瞻性,应在幼儿的现实发展水平和理想发展水平之间建立起桥梁。幼儿的现实发展水平指的是幼儿现阶段的实际发展水平,一般通过对幼儿的外显行为表现的观察分析得出。幼儿的理想发展水平是指依据幼儿的身心发展规律,幼儿可能和应该达到的发展高度,一般通过相关研究成果可以获得。我们在制订学前教育课程目标时,既要考虑到幼儿的理想发展水平,也要考虑到幼儿的现实发展水平,充分估计到幼儿的普遍发展现状和发展潜力,还要兼顾到幼儿之间的个体差异,从而确立什么目标是适宜的,什么目标是不适宜的。[①]

(二)社会生活与发展的需要

人是一切社会关系的总和。人总是社会中的人,无法脱离社会独立存在。教育是帮助幼儿实现社会化的主要途径,而课程则充当了幼儿社会化的主要手段。幼儿的生活空间不仅仅局限于幼儿园,还包括家庭、社区和社区以外的广大空间。幼儿的成长是一个不断社会化的过程,学前教育课程应当要反映社会生活及社会发展需要,只有如此,才能为幼儿将来逐渐融入社会做好准备。因此,确立学前教育课程目标,不仅要立足于幼儿的当下生活现实,更要考虑到为幼儿适应未来社会生活做准备,即要考虑到社会对于幼儿成长的期望和要求。

所谓社会生活与发展的需要,既包括当前现实的社会生活与发展需求,又包括社会的发展趋势和未来的需要;既包括微观层面幼儿的生活小环境——家庭、社区的需求,也包括宏观层面民族、国家乃至人类的发展需求。这些需求可能直接反映在国家制定的教育法律法规和有关文件中,也反映在特定阶段的政治、经济、文化当中,还集中体现在家庭生活当中,等等。学前教育课程目标制订者必须把握好如何将这些需要转化为有效的课程目标,既要凸显对幼儿家庭的现实需要的尊重,又要凸显对社会生活的发展变化的全面关注。唯有在此基础上制订出的幼儿园课程目标,方能提升学前教育课程对社会的适切性,方能为培养个性彰显、全面发展且对社会有用之人才奠基。如"萌发幼儿爱家乡、爱祖国、爱集体、爱劳动的情感"的目标就集中体现了我国当前社会价值观对儿童未来发展的社会品质的要求。[②]

(三)人类知识发展的需要

幼儿园课程的功能之一是传递社会文化。作为文化的载体之一——知识应当是确立学前教育课程目标的重要依据之一。什么样的知识才有价值?什么样的知识对幼儿才有价值?这些问题是我们制订学前教育课程目标时必须考虑

---

① 冯晓霞.幼儿园课程[M].北京:北京师范大学出版社,2001:27.

② 陈文华.幼儿园课程论[M].北京:科学出版社,2011:24.

的。对于学习者而言,知识一般是指以分门别类为特征的学科知识。我国学者施良方提出,学科的功能有两种:一是这门学科本身的特殊功能,二是这门学科所能起到的一般的教育功能。①若强调学科知识的特殊功能,就会倾向于强调学科知识体系本身;若强调学科知识的一般教育功能,则会倾向于强调学科知识对于幼儿发展的价值。

幼儿的身心发展特点以及幼儿园教育的性质,决定了学科知识在幼儿园课程中的功能主要是一般教育功能,即更多地考虑学科知识对于幼儿身心发展的价值。因此,在制订幼儿园课程目标时,无须强调学科知识的系统性、严密性,应更多地关注所选学科知识能否或者如何促进幼儿的身心发展。如我国2001年颁布的《幼儿园教育指导纲要(试行)》中科学领域的课程目标为:②

(1)对周围的事物、现象感兴趣,有好奇心与求知欲;

(2)能运用各种感官,动手动脑,探究问题;

(3)能用恰当的方式表达、交流探索的过程和结果;

(4)能从生活和游戏中感受事物的数量关系并体验到数学的重要和有趣;

(5)爱护动植物,关心周围环境,亲近大自然,珍惜自然资源,有初步的环保意识。

综上,幼儿身心发展特点、社会生活与发展需要和人类知识发展的需要为制订学前教育课程目标提供了基本的依据,我们要在保证科学性和合理性的基础上,认真对待与分析这三者在学前教育课程中的地位与关系,从而最终确立适宜的课程目标。

按照幼儿、社会和知识这三大依据来确立学前教育课程目标,制订出的是具有一般性的、概括性的,适应幼儿身心发展需要、社会生活与发展需要和知识发展需要的课程目标。由于各幼儿园办园背景和条件设施存在差异性,每所幼儿园都有各自的教育理念和办园理念。因而,幼儿园要将自身的办院理念和特色与三大依据结合起来对课程目标的价值取向进行筛选和确立,进一步确立符合本园的、有特色的、更加具体的课程目标。

---

① 施良方.课程理论——课程的基础、原理与问题[M].北京:教育科学出版社,1996:102.

② 教育部基础教育司.《幼儿园教育指导纲要(试行)》解读[M].南京:江苏教育出版社,2002:34.

二、学前教育课程目标的结构体系

(一)学前教育课程目标的类型

以课程目标建构的结构框架来划分,学前教育课程目标可以分成两大类:一类是以教育内容领域为结构框架的目标体系;另一类是以儿童发展领域为结构框架的目标体系。前者以中国和日本为代表,后者以美国和英国为代表。

1. 以教育内容领域为结构框架的学前教育课程目标体系

通过对教育内容领域进行划分,然后不同领域确立相应的目标,这种类型的学前教育课程目标体系以中国和日本为典型代表。我国将幼儿园的教育内容划分为五大领域:健康、语言、社会、科学和艺术。每个领域都确立有相应的目标,如语言领域的目标为:乐意与人交谈、讲话礼貌;注意倾听对方讲话,能理解日常用语;能清楚地说出自己想说的事;喜欢听故事、看图书;能听懂和会说普通话。①日本则将幼儿园的教育内容划分为健康、人际关系、环境、语言和表现五个领域,同样每个领域都确立有相应的发展目标,如人际关系领域的目标为:学会与教师、同伴友好相处,遵守公共规则,爱惜玩具等。②

2. 以儿童发展领域为结构框架的学前教育课程目标体系

通过对儿童发展领域进行划分,然后不同领域确立相应的目标,这种类型的学前教育课程目标体系以美国和英国为典型代表。如美国幼教协会(NAEYC)将幼儿园的儿童发展分为四个领域:知觉与动觉发展、认知发展、社会与情绪发展、语言发展。每个发展领域都确立有相应的发展目标,如认知发展领域的目标为:发展批判性、创造性思考和问题解决能力;开始理解符号的意义;探索外表与实质之间的关系;发展计划、执行与评价的能力;增进对因果关系的理解;发展对人与物的各种相似及相异的认识;扩充对社会与自然环境及其意义的认识。③英国国家早期教育纲要(Early Years Foundation Stage)规定的课程领域包括七个部分,分别是:(1)沟通和语言:倾听和注意,理解,讲话;(2)身体的发展:移动和操作,健康和自我照顾;(3)个人、社会情感的发展:自信和自我意识,管理感觉和行为,建立关系;(4)读写:阅读,写作;(5)数学:数字,形状,空间和度量;(6)对世

---

① 教育部基础教育司.《幼儿园教育指导纲要(试行)》解读[M].南京:江苏教育出版社,2002:32.

② 李生兰.比较学前教育[M].上海:华东师范大学出版社,2000:153.

③ 冯晓霞.幼儿园课程[M].北京:北京师范大学出版社,2001:36-37.

界的理解：人和社区，世界，技术；（7）表现力和艺术设计：探索和使用媒体和材料，使用想象力。

（二）幼儿园课程目标的层次①

幼儿园课程目标的层次一般指的是幼儿园课程目标的纵向结构，通常包括课程总目标、学年目标、单元目标和具体教育活动目标等四个层次。总体来看，四个层次之间是从宏观到微观、概括到具体的关系（见图2-2）。

图2-2　幼儿园课程目标层次图

1. 课程总目标

幼儿园课程总目标指的是幼儿园课程分领域的目标，如我国的健康、语言、社会、科学和艺术各个领域的目标，日本的健康、人际关系、环境、语言和表现等领域的目标。共同特点都是从宏观层面规定各个领域的总体发展要求，通常较为抽象、概括，在课程目标体系中主要起提纲挈领的作用。

例如，我国《幼儿园教育指导纲要（试行）》中关于健康领域课程的总目标如下：

（1）身体健康，在集体生活中情绪安定、愉快；

（2）生活、卫生习惯良好，有基本的生活自理能力；

（3）知道必要的安全保健常识，学习保护自己；

（4）喜欢参加体育活动，动作协调、灵活。

2. 学年目标

学年目标指的是以课程总目标为依据，遵循3—4岁，4—5岁，5—6岁不同年龄阶段幼儿的发展特点，制订幼儿从小班、中班再到大班每个学年要达到的目标。其实质就是对课程总目标任务的进一步分解，以保证幼儿按照学年的顺序逐步达成课程总目标中规定的发展水平。如《3—6岁儿童学习与发展指南》规定

① 此处仅以教育内容领域为结构框架的幼儿园课程目标体系为例进行说明。

的不同年龄阶段儿童在健康领域的学年目标：

（1）3—4岁幼儿

目标1：具有健康的体态

①身高和体重适宜。

参考标准：

男孩：

身高：94.9—111.7厘米；体重：12.7—21.2公斤；

女孩：

身高：94.1—111.3厘米；体重：12.3—21.5公斤；

②在成人提醒下能自然坐直、站直。

目标2：情绪安定、愉快

①情绪比较稳定，很少因一点儿小事哭闹不止。

②有比较强烈的情绪反应时，能在成人的安抚下逐渐平静下来。

目标3：具有一定的适应能力

①能在较热或较冷的户外环境中活动。

②换新环境时情绪能较快稳定，睡眠、饮食基本正常。

③在成人帮助下能较快适应集体生活。

（2）4—5岁幼儿

目标1：具有健康的体态

①身高和体重适宜。

参考标准：

男孩：

身高：100.7—119.2厘米；体重：14.1—24.2公斤；

女孩：

身高：99.9—118.9厘米；体重：13.7—24.9公斤；

②在成人提醒下能保持正确的站、坐和行走姿势。

目标2：情绪安定、愉快

①经常保持愉快的情绪，不高兴时能较快缓解。

②有比较强烈情绪反应时，能在成人提醒下逐渐平静下来。

③愿意把自己的情绪告诉亲近的人，一起分享快乐或求得安慰。

目标3:具有一定的适应能力

①能在较热或较冷的户外环境中连续活动半小时左右。

②换新环境时较少出现身体不适。

③能较快适应人际环境中发生的变化。如换了新老师能较快适应。

（3）5—6岁幼儿

目标1:具有健康的体态

①身高和体重适宜。

参考标准:

男孩:

身高:106.1—125.8厘米;体重:15.9—27.1公斤;

女孩:

身高:104.9—125.4厘米;体重:15.3—27.8公斤;

②经常保持正确的站、坐和行走姿势。

目标2:情绪安定、愉快

①经常保持愉快的情绪。知道引起自己某种情绪的原因,并努力缓解。

②表达情绪的方式比较适度,不乱发脾气。

③能随着活动的需要转换情绪和注意。

目标3:具有一定的适应能力

①能在较热或较冷的户外环境中连续活动半小时以上。

②天气变化时较少感冒,能适应车、船等交通工具造成的轻微颠簸。

③能较快融入新的人际关系环境。如换了新的幼儿园或班级能较快适应。

3. 单元目标

单元目标是对学年目标的进一步细化。划分单元有两种方式:一种是以时间为单位划分,可以是学期单元目标、月单元目标或周单元目标;另一种是以特定的教育内容为单位划分,如小班幼儿的健康领域目标可以划分为大肌肉动作单元目标、小肌肉动作单元目标、自我保健单元目标、生活能力单元目标等。[①]下面以一份小班第一学期工作计划为例。

---

① 霍力岩.学前教育评价[M].北京:北京师范大学出版社,2002:76-81.

小班第一学期工作计划①

①动作协调地走、跑、跳、正面钻,爱参加活动,做模仿操。

②练习使用颜色、纸、笔、泥、积木等工具材料,制作简单作品。

③自己洗手、吃饭、穿脱衣服、漱口等,不撒饭。

④懂得不远离成人,不跟陌生人走。

⑤感知周围事物的颜色、味道、声响、软硬等差别。

⑥喜欢接触自然,关心和爱护身边的动植物,观察其明显特征。

⑦一一对应地比较多少、长短、高矮、大小,区分前后里外。

⑧听懂语言,按指示动作,理解简单的故事情节。

⑨说礼貌用语,不打人,不抢玩具,学习收拾玩具。

⑩喜欢上幼儿园,习惯集体生活,爱教师、小朋友和亲人。

⑪喜欢与大家玩玩具,在提醒下会轮流、等待,遵守简单规则。

⑫不纠缠成人,独立游戏,不发脾气。

4. 具体教育活动目标

具体教育活动目标是对单元目标的再细化,是一日中的生活活动、游戏活动或教学活动的目标。具体教育活动目标必须清晰、具体、明确,必须表明幼儿在一次教育活动结束后应获得的知识、技能、情感等方面的变化。如某幼儿园小班科学活动"认识兔子"的活动目标:

①通过观察描述出兔子的外形特征;

②说出兔子喜欢吃的食物;

③触摸兔子时,做到轻轻触摸,不让它受惊吓;

④学习词汇:长长的、柔软的。

三、学前教育课程目标的表述

在学前教育课程目标的四级层次结构中,课程总目标和学年目标通常由国家教育部门或者理论研究人员制订,单元目标和具体教育活动目标则由一线幼儿教育实践工作者来完成。一线幼教工作者在制订课程单元目标和具体教育活动目标时,需要注意明确目标表述的性质和确定目标表述的角度。

---

① 王月媛.幼儿园目标与活动课程教师用书[M].北京:北京师范大学出版社,1995:64.

(一)明确目标表述的性质

前面我们已经分析了三种学前教育目标取向,这些取向直接影响了目标表述的性质。

1. 行为性目标表述

行为性目标指向的是通过课程活动的学习以后幼儿的外部行为的变化,具有可观察性、可控制性。如"能说出自己和伙伴的名字""会区分上下左右""能够认识1—10以内的数字""能做到饭前洗手"等。由于行为目标易于操作,更容易被广大幼儿教师使用。但我们需要注意的是,不宜所有的课程活动都用行为性目标来表述,比如幼儿认知发展、生活习惯培养等方面的课程适宜用行为目标,但是幼儿态度形成、情感萌发、价值观念塑造等方面的课程就不适宜使用行为性目标来表述。

2. 生成性目标表述

生成性目标主要指幼儿、教师、教育情境交互作用所自然形成的课程目标,具有过程性的特点。因为生成性目标并非预设,因此很多幼儿教师觉得难以把握,很少运用。实际上,生成性目标是在具体教育活动结束以后,由幼儿教师通过观察、分析和整理而形成的。生成性目标与行为性目标和表现性目标类似,都可以用文本表述,只是它的表述是在课程活动结束以后。

3. 表现性目标表述

表现性目标指向的是幼儿在一定的教育情境中独特的经验和体验,具有个性化和多元化的特点。如"参观博物馆,与同伴和老师交流你的感受""春天到了,表达你对春天的看法""用橡皮泥、纸盒、小刀、小木棍、棉线等盖一所房子"等。表现性目标更多的是用来引发幼儿的情感、态度等的变化,提升动作技能方面的创造力等。表现性目标关注的是儿童想象力、创造力以及个性品质的形成,不要求幼儿具有统一的、特定的行为变化。

(二)确定目标表述的角度

学前教育课程活动主要包括教师、幼儿、教育情境等三个要素,其中教师和幼儿为人的因素,因此在确定目标表述的角度时,可以选择从教师角度或者幼儿角度来表述。

1. 从教师角度表述

从教师角度表述课程目标,通常使用"鼓励""帮助""引导""使"等词语来凸显教师的教,指向教师对课程活动后幼儿发展变化的一种预期。如"帮助幼儿获得形状、颜色、大小的概念;使幼儿体验到与同伴共同游戏的乐趣,愿意与同伴分享喜悦的心情;引导幼儿认识1—10以内的数字,初步产生对数学的兴趣";等等。

2. 从幼儿角度表述

从幼儿角度表述课程目标,通常使用"感受""喜欢""愿意""理解""能够"等词语来强调幼儿的学,指向幼儿在课程活动结束以后所获得的知识或行为变化等的结果。如"愿意倾听同伴讲话,能理解日常用语;感受秋天的美,并能用自己的方式表达自己对秋天的情感;理解并遵守简单的交通规则";等等。

不管从哪个角度去表述课程目标,都需要注意保持表述角度的一致性。现在大部分教师主张从幼儿角度来表述课程目标,这样可以强调幼儿的"学",凸显幼儿在课程活动中的主体性。

思考与练习

1. 辨析教育目的、教育目标与课程目标、学前教育课程目标的关系。

2. 结合所学,论述当前社会政治、经济与文化的大背景对学前教育课程目标的制订有何影响。

3. 设计一个主题教学活动,写出这个主题教学活动的总目标与阶段目标。

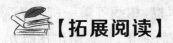【拓展阅读】

日本幼儿园课程目标体系[①]

日本幼儿园课程目标体系	
健康	1.良好的生活习惯与自我服务精神
	2.能防范危险
	3.能获得安全感

① 李生兰.比较学前教育[M].上海:华东师范大学出版社,2000:153.

日本幼儿园课程目标体系	
人际关系	1.学会与教师、同伴友好相处
	2.遵守公共规则
	3.爱惜玩具
环境	1.能认识、热爱大自然,关心、爱护动植物
	2.对周围环境有浓厚的兴趣
语言	1.能认真听教师、同伴讲话
	2.能用语言表达自己的思想
	3.对图书感兴趣
表现	1.体会到生活中的美
	2.能通过绘画、唱歌、演奏乐器、手工制作、表演游戏等多种形式充分表现自己的感受

【真题解析】

(2015下半年)《幼儿园教育指导纲要(试行)》中的教育目标较多使用"体验""感受""喜欢""乐意"等词汇,这表明幼儿园教育强调(   )。

A.知识取向　　　　B.情感态度取向　　　C.能力取向　　　　D.技能取向

答案: B

[解析]幼儿园的五大领域教学目标从不同的角度出发,最终目的都是促进幼儿情感、态度、能力、知识和技能的全面发展。

【真题模拟】

1.某中班一次美术活动"画熊猫",教师制订的目标之一是让幼儿掌握画圆和椭圆的技能,这一目标属于(   )。

A.中期目标　　　　B.近期目标　　　　C.活动目标　　　　D.远期目标

答案: C

[解析]这是一次具体的教育教学活动,教师制订的课程目标属于活动目标。

2.在幼儿园月计划、周计划中,教师制订的目标是(   )。

A.全国教育目标　　B.中期目标　　　　C.近期目标　　　　D.行为目标

答案: C

[解析]幼儿园的月计划、周计划属于近期的阶段性目标。

第 **3** 章

学前教育课程内容的选择与组织

　　有些幼儿园教师在选择课程内容的时候总是犹豫，其中一些老师说："有时候我不知道该选择什么样的课程内容，不知道自己选择的课程内容是否适合小朋友。"另一些老师说："有些课程内容是我事先没有预料到的，比如小朋友们在活动中临时展现出的一些兴趣点，我不知道这些是否应该在下次活动中表现出来。"还有些老师说："学前教育课程的内容太广泛，在选择的时候我不知道该侧重于哪些内容。"那么到底什么是课程内容？课程内容的范围是什么？我们该如何选择和组织实施课程内容呢？

【学习目标】

1. 知识目标：了解学前教育课程内容的范围、学前教育课程内容组织的原则及形式。

2. 技能目标：能够选择适合儿童身心发展特点的课程内容，能够有效地组织学前教育课程内容。

【学习重点】

掌握学前教育课程内容组织的方式。

【知识结构图】

学前教育课程内容的选择与组织
- 学前教育课程内容的含义及范围
  - 学前教育课程内容的含义
  - 学前教育课程内容的范围
- 学前教育课程内容的选择
  - 学前教育课程内容选择的原则
  - 学前教育课程内容选择时容易出现的问题
- 学前教育课程内容的组织
  - 学前教育课程内容组织的含义
  - 学前教育课程内容组织的原则
  - 学前教育课程内容组织的形式

第一节
学前教育课程内容的含义及范围

一、学前教育课程内容的含义

人们对课程本质的认识不同,导致对课程内容的定义也各不一样。我国学者就从不同角度对学前教育课程内容给出了自己的定义。如朱家雄认为学前教育课程内容是"实现幼儿园课程目标的手段,对于教师和儿童而言,主要解决的是'教什么'和'学什么'的问题"。[①]虞永平认为,学前教育课程内容是指"依照幼儿园课程目标选定的通过一定的形式表现和组织的基本知识、基本态度和基本行为"[②]。陈文华则认为课程内容是一系列比较系统的直接经验和间接经验。[③]除此之外,还有学者提出学前教育课程内容是"根据幼儿园课程目标,有目的选择的各种直接经验和间接经验的知识和活动体系"[④]。

由此可以看出,尽管学者给出的定义不同,但是,在以下几个方面却是一致的:第一,在学前教育课程内容和课程目标的关系上,都认为课程内容应当以课程目标为依据;第二,学前教育课程内容既包含了直接经验,也包含了间接经验;第三,学前教育课程内容不局限于知识范畴,还包括活动、态度、行为、情感等。

综上所述,我们认为,学前教育课程内容是指以幼儿园课程目标为依据,有目的、有计划的选择和组织的各种直接经验和间接经验的知识和活动体系。

---

① 朱家雄.幼儿园课程(第二版)[M].上海:华东师范大学出版社,2011:161.

② 虞永平.学前课程价值论[M].南京:江苏教育出版社,2002:196.

③ 陈文华.幼儿园课程论[M].北京:科学出版社,2011:35.

④ 高敬.幼儿园课程[M].杭州:浙江教育出版社,2010:141.

二、学前教育课程内容的范围

学前教育课程内容的范围是指幼儿园课程内容的基本要素或基本组成部分。[①]也有学者认为学前教育课程内容的范围应该包括有助于幼儿发展的基本知识、基本态度和基本行为[②]。这既是对学前教育课程内容在价值上所作出的判断，又是遵循幼儿认知心理结构发展的规律。

(一)有助于幼儿发展的基本知识

知识是学前教育课程的重要组成部分，它不仅是幼儿获得认知、情感、态度的基础，也是技能、能力提高的前提。在课程中融入有助于幼儿发展的基本知识能够帮助其更好地认识自己的生活环境，促进其身心健康发展。但需要注意的是，在选择基本知识时应基于幼儿园性质、任务等与其他教育机构的差异，选择那些能够提升和优化幼儿发展的基本知识，并加以整理、扩充，使其符合幼儿的最近发展区，培养幼儿对学习的兴趣与自信。在具体教学中，既不能过分强调知识的作用，也不能忽视知识的教育。

冯晓霞在其所著的《幼儿园课程》中对"基本知识"进行了阐述，所谓"基本知识"应包括生命活动必须的知识，有利于幼儿解决基本的生活、交往问题的知识，帮助幼儿认识自己生活环境的知识，为今后学习系统的科学知识打基础的知识，为成长为未来社会的高素质公民奠基的知识。

(二)有助于幼儿发展的基本态度

态度是一个人的内在感受、情感和意向。在学前教育课程中，基本态度指的是幼儿的基本情感和个性品质方面的内容，如兴趣、自信、自我价值感、责任感、归属感、关心、友好、尊重、同情等。良好的态度是幼儿学习的驱动器，对幼儿知识的获得、能力的增强、适宜行为方式的养成等都有积极的作用。而这些都需要幼儿教师在教学活动中针对基本态度选择一些显性课程内容，又由于，态度的形成在很大程度上是潜移默化的结果，所以就要求教师要善于在活动中，捕捉利于幼儿基本态度发展的隐性课程内容，通过显性课程与隐性课程的相互补充，促进幼儿基本态度的形成和发展。

(三)有助于幼儿发展的基本行为

---

① 冯晓霞.幼儿园课程[M].北京:北京师范大学出版社,2000:50.
② 王春燕.幼儿园课程概论[M].北京:高等教育出版社,2007:69~71.

基本行为主要通过幼儿的一日活动安排来培养,如自我服务、游戏、观察、散步、交流、探索等,这些基本行为的本质在于促使幼儿获得有益的学习方式、方法,掌握这些方法有利于幼儿日常生活的顺利进行。

游戏作为幼儿最喜欢的活动,对促进幼儿的发展具有重要意义。因此,2016年《幼儿园工作规程》中指出,"以游戏为基本活动,寓教育于各项活动之中",意味着将游戏作为幼儿园教育的基本形式,让幼儿在游戏中学习,寓教育于游戏。游戏对幼儿身心发展的促进作用是全方位的,因为它不仅可以满足幼儿生理、认知等方面的发展,还可以满足幼儿自我表现、自我肯定的需要。

【案例分析】[①]

老师让小朋友们学做头饰,做好了以后可以戴到头上玩。班里有个小女孩,是全班最小的。她按照纸带上现成的印子粘好头饰后,戴到头上,头饰太大了,一下子滑到她的脖子上。这时,她看到别的孩子已戴着头饰玩起来了,显得很着急。她看着老师,希望得到老师的帮助。但是老师没有走过来,只是远远地看着她,笑着对她点点头。老师的动作和表情使小女孩明白老师不会过来帮她做,老师希望她自己解决。小女孩低下头继续摆弄头饰,她不时地抬头看一眼老师,老师每次都报以微笑。老师的关注使小女孩坚持探索。她尝试着用各种办法来使头饰适合自己,但她摆弄了很久,还是没有找到解决的办法,小脸憋得通红。她求助般地看向老师。这时,老师在远处用手对她做了一个"折叠"的动作,小女孩马上明白了,她把头饰的带子折叠了一小段,弄短了,高兴地把它戴在了头上。老师在远处朝小女孩笑着点点头。

①丁海东.学前游戏论[M].济南:山东人民出版社,2001:168.

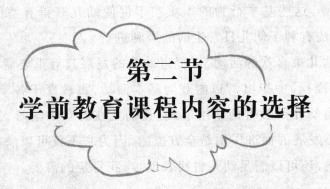

第二节
学前教育课程内容的选择

如上所述,学前教育课程内容应兼顾学科知识、学习活动和幼儿经验。但由于学前教育课程内容体系庞大,不可能也没必要将所有的内容都囊括在学前教育课程当中。因此,我们仍然需要在这"浩瀚"的内容体系当中进行精细的选择,让那些最基本的、最适宜的知识、活动和经验作为幼儿学习的内容。我们必须明确课程内容选择的依据,建立课程内容选择的标准,掌握课程内容选择的方法。

一、学前教育课程内容选择的原则

《幼儿园教育指导纲要(试行)》中针对教育活动内容的选择提出了以下原则:

(1)既适合幼儿的现有水平,又有一定的挑战性;

(2)既符合幼儿的现实需要,又有利于其长远发展;

(3)既贴近幼儿的生活来选择幼儿感兴趣的事物和问题,又有助于拓展幼儿的经验和视野。

学前教育课程内容的选择是在幼儿已有的生活和学习经验的基础上,以幼儿日常生活和当前的学习活动为主导,通过一定的标准,围绕课程目标,对课程的内容进行选择。学前教育课程内容的选择在关注幼儿成长需要的前提下,既要考虑内容与目标的相关性,又要考虑内容的适应性、科学性和有效性。一般来说,选择学前教育课程内容时要遵循以下几项基本原则。[①]

(一)合目的性原则

所谓合目的性原则,就是指所选择的课程内容必须符合并有助于实现学前

---

① 张亚军.幼儿园课程概论[M].上海:华东师范大学出版社,2015:38.

教育课程目标。课程内容必须为课程目标服务,课程内容的选择始终要遵循课程目标指定的基本方向。

　　具体地讲,合目的性原则主要从三个方面去衡量:内容与目标的一致性;内容的关联性;内容的交叉性。首先,选择课程内容时,要考虑所选择的内容是为了实现哪一项或哪几项目标,将那些易于实现目标的教育活动内容添加到课程中来;其次,很多目标的实现并非仅仅通过一项内容的学习就能完成,往往需要通过多项教育活动内容的开展才能达成,因此课程内容的选择还需要考虑这些为同一目标服务的教育活动内容之间的关联性;第三,课程内容与课程目标之间往往不是一一对应的关系,既存在多项内容为同一目标服务的情况,也存在一项内容为多项目标服务的情况,因此还需要考虑所选择的教育活动内容可以同时实现哪些目标。

(二)基础性原则

　　所谓基础性原则,指的是所选的课程内容必须使幼儿获得成长发展必备的基本生活技能、基础知识技能、基本情感态度和初步的价值观念等,使幼儿全面和谐发展。因此,基础性原则要求我们必须注意尽量选择直观、简单和事实性的知识及经验作为学前教育课程的主要内容。

　　直观性知识和经验指向那些可观察、可听见、可触摸、可操作的事物和现象,比较符合幼儿的认知特点,有利于幼儿直接经验的获取;简单性则指的是学前教育课程内容应尽量避开复杂、晦涩、生疏的知识,应着力于学习兴趣的培养、学习习惯的养成等;事实性的知识和经验,指的是概念和原理本身不能直接成为幼儿学习的内容,而应将这些概念和原理以与幼儿息息相关的事实呈现出来。如"电"的概念不应该作为幼儿园课程的内容,但是比如电动玩具、电视机、电脑之类的与幼儿生活经验相关的一些家用电器,则可以作为学前教育课程内容,为幼儿理解"电"这一概念奠定基础。

(三)适切性原则

　　所谓适切性原则,指的是所选的课程内容既要符合幼儿的发展水平,是幼儿力所能及的,也要贴近幼儿生活,是幼儿喜闻乐见的。[①]所以在幼儿园教学活动中对"适切性"的理解有三方面:一是适宜发展,二是贴近生活,三是尊重兴趣。

---

① 许卓娅.幼儿园课程理论与实践[M].南京:南京师范大学出版社,2008:35.

首先,所选课程内容既要考虑到不同年龄阶段幼儿发展的一般特点,还要细心观察现实中每一位幼儿的特征,寻找差异,这样,所选的课程才具有适切性;其次,所选课程内容要反映幼儿的现实生活,要充分结合幼儿的生活情境和生活经验;第三,所选的课程内容要符合幼儿的兴趣和需要,一方面要从幼儿感兴趣的事物中寻找富含教育价值的课程内容,另一方面要善于帮助幼儿形成新的与课程目标衔接的兴趣中心。

(四)直接经验性原则

学前教育课程应该具有直观性、情境性和活动性,使幼儿能够直接感知、操作和体验,把学习内容直接转化为经验。

例如,让幼儿饭后漱口,这是一件很困难的事情,因为小朋友认为自己吃的东西很干净,所以不愿意漱口。有一个幼儿园教师做了一个实验,她用一个杯子接小朋友的漱口水,另外一个杯子盛清水,让小朋友去观察这两种不同的水。小朋友观察发现开始两者区别不是很大,几天后则装有漱口水的杯子里很脏。当孩子们发现了这一现象以后,该教师请医生来解释这种现象,慢慢地,老师发现孩子们能够自觉坚持饭后漱口了。

(五)兼顾"均衡"与"优先"的原则

课程内容的均衡,指的是构成课程内容整体的各个部分之间的比例要适当。根据均衡原则,选择内容时必须从课程的整体性出发,并不断对所选内容进行整体反思。首先要检查每项课程目标是否有相关的内容与之相适应,以保证它的实现。其次要检查各个部分内容之间比例是否恰当。均衡并不等于平均,均衡的同时必须注意"优先"。所谓优先,是指课程设计者对某些内容和活动做价值比较,决定是否纳入课程,并对其比重和先后次序作出规定。

(六)逻辑性原则

学前教育课程内容之间存在着一定的连续性和逻辑性,应按照一定的逻辑来选择课程内容。例如,在主题活动"主食"中,每个年龄段儿童都有不同的相关经验,小班教学重点在于教小朋友运用各种器官直观了解不同食物的不同味道;中班教学可以从食物营养这一抽象概念入手,使小朋友通过对食物金字塔的认识,知道要膳食平衡;大班教学重点要放在让孩子自己设计营养套餐上,使幼儿结合亲身实践,更深入地了解膳食平衡的重要性。[1]

二、学前教育课程内容选择时容易出现的问题

(一)课程目标缺失

教师在选择课程内容的时候往往出现课程目标缺失的问题,主要表现为过分偏重智育而忽视难以在课程中表现出来的情感、态度类的目标。在多数情况下,教师在教学活动中更强调基本知识和技能的习得。情感、态度类的目标则往往需要教师精心策划,营造适宜的环境等。例如,幼儿自信心的培养,一方面教师可以采用渗透法,选择适宜幼儿学习的内容,帮助幼儿获得"成功"的关键性体验,并伴以鼓励性的语言增强幼儿的自信心;另一方面教师可以设计专门的自信培养的情感教育活动,以增强幼儿自信心。鉴于此,在进行课程内容的选择时必须牢牢遵循合目的性原则,促进幼儿全面发展。

(二)课程内容超载

目前一些幼儿园在选择课程时常会出现课程内容"超载"的问题,具体表现在:第一,课程内容"量"过多、过重。究其原因,在于不少幼儿园为迎合家长的要求与需要,扩大幼儿入园率。除正常教学外,还开办各种兴趣班、能力提升班等。第二,课程内容"质量"欠佳。有些课程内容接近于小学课程,超出了幼儿的认知发展水平,导致幼儿学习起来十分困难,挫伤了幼儿学习的兴趣和积极性,甚至导致幼儿小小年纪就产生厌学情绪。举例来说,有些幼儿园特别注重训练幼儿的数学运算能力,3~6岁的幼儿竟然要学会100以内的加减乘除,而这些内容严重超前于学前阶段的课程。有些课程内容则过于简单、浅显,对幼儿来说,没有挑战性和吸引力,使幼儿产生倦怠消极的情绪。

(三)课程内容脱离幼儿生活实践

由于教师对课程内容适切性的思考不足,不能合理、科学地选择课程内容,经常出现所选内容脱离幼儿生活、学习经验的情况。比如一个老师说:"我们小时候没有肉吃。"孩子们会回答:"那你们怎么不吃巧克力呢?"显然这位老师小时候的生活经验对于孩子们来讲是非常陌生的。又如一些教师在开展主题活动"现代信息广场"时,为了完整性将主题内容延伸到远古时代,在通信工具中添加

---

[1] 刘立民.幼儿园课程概论(第三版)[M].大连:大连理工大学出版社,2014:21.

了"狼烟""消息树"等内容,不仅没有考虑幼儿的生活经验,对幼儿的发展也是没有任何意义的。所以在进行课程内容选择时必须依照适切性原则,合理、科学地选择课程内容。

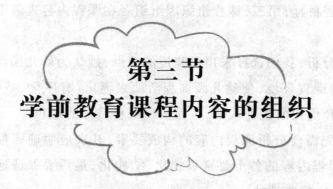

第三节
学前教育课程内容的组织

完成了课程内容的选择以后,我们就需要对课程内容进行组织,以符合幼儿学习特点与认知规律的课程内容呈现方式,保证幼儿园课程的顺利进行。《幼儿园教育指导纲要(试行)》在第三部分"组织与实施"中,对课程内容的组织做出了以下原则性的规定:"教育活动内容的组织应充分考虑幼儿的学习特点和认识规律,各领域的内容要有机联系,相互渗透,注重综合性、趣味性、活动性,寓教育于生活、游戏之中。""教育活动的组织形式应根据需要合理安排,因时、因地、因内容、因材料灵活地运用。"[①]这些规定为我们组织幼儿园课程内容提供了基本的参照。

一、学前教育课程内容组织的含义

人们对课程本质的理解和研究的视角不同,导致对课程组织或课程内容组织的定义也各异。如泰勒认为,课程组织是把学习经验组织成单元、学程和教学计划的程序;而斯基尔贝克则认为,课程组织是将构成教育系统或学校课程的要素加以安排、联系和排列的方式。许卓娅认为课程组织是对选择出来的课程内容予以安排,构成比较可行的教育方案或计划的过程。[②]王春燕则认为课程内容组织简称课程组织,是指在一定的教育价值观的指导下,将所选出的各种课程要素妥善地组织成课程结构,使各种课程要素在动态运行的课程结构系统中产生合力,以便有效地实现课程目标。[③]综上可以看出,关于课程组织的理解大致包

---

① 王春燕.幼儿园课程概论[M].北京:高等教育出版社,2007:89.

② 许卓娅.幼儿园课程理论与实践[M].南京:南京师范大学出版社,2008:37.

③ 王春燕等.幼儿园课程论[M].北京:新时代出版社,2009:47.

括以下几点:第一,课程组织是一种课程内容的安排方式或过程;第二,课程组织是为了实现课程目标;第三,课程组织因组织者在课程内容理解上的差异而呈现多种类型。

根据以上分析,我们选择采用冯晓霞的观点,她认为幼儿园课程内容组织是指"创设良好的课程环境,使幼儿园课程活动兴趣化、有序化、结构化,以产生适宜的学习经验和优化的教育效果,从而实现课程目标的过程"[①]。可见,幼儿园课程内容组织首先需要分析课程内容的构成要素,其次应明确课程内容之间的关系,再次要将课程内容的各个要素系统化、结构化,最后要保证这些内容的呈现方式是活动性的、趣味性的。

二、学前教育课程内容组织的原则

学前教育课程内容组织的原则,指的是学前教育课程组织过程中必须遵循的基本原则。那么,学前教育课程应该遵循哪些基本原则?根据《幼儿园教育指导纲要(试行)》中所规定的课程内容组织的基本要求,结合课程组织的相关理论,我们认为学前教育课程内容组织需要遵循以下几个原则:逻辑顺序和心理顺序相结合;横向组织和纵向组织相结合;直线式组织与螺旋式组织相结合。

(一)逻辑顺序和心理顺序相结合

逻辑顺序指的是根据学科本身的逻辑及其内在的联系组织课程内容;心理顺序指的是以适宜儿童心理特点的方式组织课程内容。[②]前者更多地强调学科知识本身的体系结构,对于学科知识与儿童的心理发展之间的关联观照不足;后者更多的是强调儿童的兴趣、需要、学习能力和发展特点,而较少考虑学科知识本身的固有体系。

就学前教育课程内容的组织而言,如果仅仅按照逻辑顺序或只按照心理顺序来组织课程,都存在一定的困难,而且取得的教学效果都无法让人满意。例如,如果按逻辑顺序,以学科为中心来组织和编排课程内容,这显然不符合幼儿的认知特点和身心发展规律;如果按心理顺序,以幼儿的需要和兴趣组织和编排课程内容,也将阻碍幼儿系统知识的获得,延缓幼儿社会化成长进程。同时,对于幼小衔接也将产生不利的影响。

---

① 冯晓霞.幼儿园课程[M].北京:北京师范大学出版社,2000:72.
② 朱家雄.幼儿园课程(第二版)[M].上海:华东师范大学出版社,2010:164.

按照逻辑顺序或心理顺序组织学前教育课程内容,两者都各自存在着优缺点。因此,在学前教育课程内容的组织环节中,应将逻辑顺序和心理顺序有机结合起来,充分发挥各自的长处,使两者取长补短,最终有效地推进课程的实施,促进幼儿身心和谐发展,以达成教育目标。

(二)横向组织和纵向组织相结合

横向组织指的是按照"广义概念"组织课程内容,即打破传统的知识体系,使课程内容与儿童已有的经验连为一体;纵向组织指的是按照课程组织的某些准则,以先后顺序排列课程内容。[①]

就学前教育课程内容的组织原则而言,横向组织和纵向组织均有其合理性。横向组织遵循了知识学习和获取的基本过程——从简单到复杂,从具体到抽象,从初级到高级的循序渐进的过程。纵向组织则与儿童成长紧密联系,强调那些简单的、事实性的具体知识,这些具体知识因与儿童的经验直接相关,比较容易被幼儿接受和掌握。

在学前教育课程内容组织中,应以纵向组织为主,以横向组织为辅,这样既考虑到了学龄前幼儿的发展特征和学习方式,同时也有利于幼儿循序渐进地掌握知识。

(三)直线式组织与螺旋式组织相结合

直线式组织指的是将课程内容组织成一条逻辑上前后联系的直线,使前后内容互不重复;螺旋式组织指的是在不同的阶段,课程内容会重复出现,但是这些重复出现的内容在深度和广度上都有所加强。[②]

在学前教育课程内容的组织中,螺旋式组织原则运用得较为广泛。这是因为幼儿的认知与思维水平尚处于皮亚杰认知理论中所说的前运算阶段,即此时幼儿的思维方式以直觉思维为主。课程内容不断重复有利于幼儿知识的掌握和经验的获得,这种组织方式在综合课程、方案教学等许多幼儿园课程类型中都有所体现。但是,这并不是说直线式组织是一无是处的。在语言、数学等分科教育的学科课程中,直线式组织有助于幼儿以逻辑思维方式思考问题,同时在知识获取方面效率较高。因此,在"分科教学"中,直线式组织是较常用的幼儿课程内容的组织原则。

---

① 朱家雄.幼儿园课程(第二版)[M].上海:华东师范大学出版社,2010:164.
② 朱家雄.幼儿园课程(第二版)[M].上海:华东师范大学出版社,2010:164-165.

直线式组织和螺旋式组织在幼儿园课程内容组织中,各有其长处和不足。前者强调逻辑思维,使幼儿能够比较高效地掌握知识和技能。后者强调直觉思维,这种思维方式符合幼儿的发展特点,有利于幼儿学习过程中经验的获得以及创造性思维的发展。因此,在学前教育课程内容的组织过程中,应根据需要使两者结合,取长补短。

三、学前教育课程内容组织的形式

课程内容的取向不同,其所产生的学前教育课程内容组织形式也不一样。在幼儿园教育实践中,学前教育课程内容组织形式有四种:以学科为中心的组织形式、以活动为中心的组织形式、以经验为中心的组织形式和以社会为中心的组织形式。学前教育课程的组织形式主要以前三类为主。

(一)以学科为中心的组织形式

以学科为中心的组织形式强调按知识的内在性质及其内在结构组织课程内容,对幼儿进行科学、系统、连贯的教育教学。其所形成的课程称为学科中心课程。学科中心课程认为,学科是传递知识和技能的最为有效的方式,能以最系统、最经济和最合理的方式为儿童提供社会文化遗产。

在学前教育课程中,"分科教育"就是一种典型的学科中心课程,它有统一的要求、统一的教学计划和统一的教材,便于教师组织和引导,将不同学科的知识系统化地传授给幼儿,充分体现了知识本身的完整性和系统性。然而,学科中心课程也有自身的不足之处:过于强调学科的内在逻辑,容易造成学科之间的分离,脱离幼儿的实际生活;过于强调知识技能的灌输,容易忽视幼儿动手操作能力的培养;将集体教学作为主要的教学方式,不利于儿童社会性的培养和因材施教。

(二)以活动为中心的组织形式

以活动为中心的组织形式强调按照幼儿的兴趣、需要和身心发展水平组织幼儿园课程内容。在此类组织形式下,幼儿的兴趣、需要和现有的身心发展水平是课程内容组织的出发点,而且课程内容也可以根据幼儿活动的兴趣和需要做出相应的调整。在课程实施的过程中,幼儿获得了较多的参与各种活动的机会,能够在师生、生生互动中获得自我的发展。如幼儿园实施的"方案教学",就明显体现出了以儿童活动为中心的倾向。

以活动为中心组织的幼儿园课程,其课程活动内容有很多种类型,如游戏活动、教学活动、生活活动等。在这些活动中,若再以幼儿参与活动的规模来划分,还可以分成集体活动、小组活动和个体活动等。这一组织方式能够给幼儿提供较多的自主活动的机会,对于发展幼儿的实践能力、思维品质和个性心理等方面具有明显的作用。

(三)以经验为中心的组织形式

以经验为中心的组织形式强调依据儿童的学习和生活经验来组织课程内容。一般通过问题的解决来实现,此类问题一般是幼儿生活中可能遇到的各种问题,包含认知、情感、态度、价值观等方面。问题解决的过程主要是,教师依据对幼儿的观察,预先设计好问题,拟定所选问题的发展目标,然后引导幼儿主动参与问题的解决,让幼儿在发现和探索中获得知识技能,培育情感,形成态度观念等。

此种组织形式与以活动为中心的组织形式一致的是,都强调幼儿的兴趣和需要。不同的是,后者强调的是各种活动情境的构建,前者注重的是生活情境的构建。教师的任务是为幼儿提供学习材料和学习机会,创设一个富有教育性的情境,让幼儿自发地通过自己的直接经验发现和掌握知识,发展能力。以经验为中心的组织形式有利于幼儿思维能力和动手能力的提高,更有利于幼儿个性心理品质的养成。

(四)以社会为中心的组织形式

以社会为中心的组织形式又称社会中心课程论,主张围绕重大社会问题来组织课程内容。社会中心课程论认为,教育的根本价值是促进社会发展,学校应该致力于社会的改造而不是个人的发展。因此,社会中心课程论批判儿童中心论过于注重学生的个人需要、兴趣、自由及活动,而忽视了社会的需要,主张课程的最终价值是社会价值,课程是实现未来理想社会的运载工具。社会中心课程论强调课程建设要关注社会焦点问题,反映社会政治经济变革的客观需求,因此较多应用于高校的课程编制中。[①]

以上可以看出,从理论上来说,学前教育课程组织形式是可以加以严格区分

---

① 张亚军.幼儿园课程概论[M].上海:华东师范大学出版社,2015:43.

的。但是,在实践中,各种课程组织形式是不能简单地以一种形式作为中心去组织课程内容的。它们之间应该根据需要取长补短、有机结合。总之,幼儿园的课程内容组织形式,应该是能够使幼儿得到全面发展的形式,不仅要与系统的科学知识紧密联系,也要与幼儿生活、需要和兴趣紧密联系。

思考与练习

1.试分析当前学前教育课程内容超载的问题。

2.幼儿园课程内容选择的依据和标准是什么?

3.分析一种幼儿园教材,结合幼儿园的实际情况对课程内容的适宜性作出判断。

 【拓展阅读】

幼儿作业变成家长作业,家长吐槽手工太难(节选)[1]

废旧材料制作风铃、彩绘鸡蛋、纸板盒做汽车、元宵节做灯笼、圣诞节做圣诞帽……记者走访湖州城多家幼儿园,发现家庭作业大多为手工制作。"前两天收到幼儿园的短信,让家长和孩子一起用废旧材料制作风铃,当时我就傻眼了。风铃怎么做?材料选什么?……别说孩子,连我都一头雾水。"家长沈女士说,自己也不算"笨手笨脚",但还是被这份家庭作业给难住了。为了做好作业,全家人忙了一个周末都没能做成一个风铃,最后只能到淘宝网上购买了制作风铃的材料,然后带着孩子组装好,才算交了差。

除了手工制作外,另一项让家长们"心累"的作业就是带东西——各式各样的东西,包括金鱼、兔子、蚕宝宝、太湖蟹、油菜花、多肉植物等。"幼儿园经常下午三四点钟发个消息,通知我们第二天要给孩子带某样东西,也不管这东西好不好找。"陈先生感叹现在都怕看到这类短信了。他说,有一次因为工作没及时看到通知,等发现老师让第二天带小仓鼠的时候已经是晚上8时多了,看着女儿带着泪花的小脸,他不得不跑遍了整个湖州城找卖小仓鼠的摊子。让陈先生更不满的是,这些家庭作业的频率太高。"偶尔几次是增加亲子互动,但三天两头来一

---

① 李华.幼儿作业变成家庭作业,家长吐槽手工太难[N].湖州晚报,2017-03-31.

次就是增加负担了。"他说,每周一次的频率让人不堪其累,最重要的是家长还不能拒绝这些作业,"总不能让孩子成为班里不完成家庭作业的'刺儿头'"。

采访中,记者发现,不少家长选择了"包办"家庭作业。家长蔡女士的儿子5岁,在湖州城某幼儿园读小班。她坦言,周围家长代劳孩子作业的现象比较普遍。"学校有个家长群,每次完成了作业,老师会要求家长们上传到群里互相交流,许多作业一看就是大人做的,小孩子根本做不出来。"蔡女士说。

【真题解析】

(2017年下半年)为什么幼儿园教育内容要贴近幼儿的生活?

【解析】

1.幼儿的年龄特点和身心发展需要,决定了幼儿园保育和教育二者合一的教育原则,因此也决定了幼儿园课程内容需要包括日常生活活动。

2.幼儿的年龄特征和学校特点决定了幼儿园课程内容要与幼儿的生活相关联,而日常生活活动包含了潜在的、丰富的教育内容,因而是幼儿园课程设计和实施的重要背景和来源。

【真题模拟】

1.幼儿园课程内容选择的原则有哪些?

【解析】

1.合目的性原则

所谓合目的性原则,就是指所选择的课程内容必须符合并有助于实现学前教育课程目标。课程内容必须为课程目标服务,课程内容的选择始终要遵循课程目标指定的基本方向。

2.基础性原则

所谓基础性原则,指的是所选课程内容必须使幼儿获得成长发展必备的基本的生活技能、基础知识技能、基本情感态度和初步的价值观念等。

3.适切性原则

所谓适切性原则,指的是所选的课程内容既要符合幼儿的发展水平,是幼儿力所能及的,也要贴近幼儿生活,是幼儿喜闻乐见的。

4.直接经验性原则

幼儿园课程应该具有直观性、情境性和活动性,使幼儿能够直接感知、操作和体验,把学习内容直接转化为经验。

5.兼顾"均衡"与"优先"的原则

课程内容的均衡,指的是构成课程内容整体的各个部分之间的比例要适当。

6.逻辑性原则

学前教育课程内容之间存在着一定的连续性和逻辑性,应按照一定的逻辑来选择课程内容。

第4章
学前教育课程实施

　　在一次培训活动上，我们请参与培训的幼儿园教师们谈谈自己对学前教育课程资源使用的看法。有些教师认为，尽管现在可以利用的资源很多，比如幼儿园使用的教材，本土的文化资源等等，但关键的问题是很多教师不知道如何处理这些课程资源，虽然觉得这些课程资源很好，但在具体实施过程中就会出现很多问题。这一章节我们主要介绍什么是课程实施，教师在课程实施中有哪些取向，课程实施的具体途径有哪些。

【学习目标】

1. 知识目标：了解学前教育课程实施的内涵及取向。
2. 技能目标：能够掌握学前教育课程实施的三种途径。
3. 情感目标：通过这一章的学习，培养良好的儿童观、教育观。

【学习重点】

掌握学前教育课程实施的三种途径。

【知识结构图】

学前教育课程实施
- 课程实施的含义与取向
  - 课程实施的含义
  - 课程实施的取向
- 学前教育课程实施的途径
  - 教学活动
  - 游戏活动
  - 一日生活活动

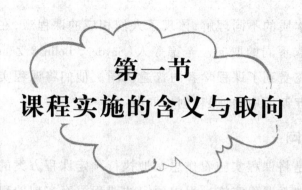

第一节
课程实施的含义与取向

课程实施是把课程计划付诸现实的过程,是从理论到实践、从文本到行动的过程,是课程的重要环节,影响着课程研究的全局,只有通过课程实施,课程才能产生实际效应,设计得再完美的课程,如果束之高阁,也不会产生任何的实际效果。

一、课程实施的含义

课程实施是指把一项课程计划或方案付诸实践的过程,即教师依据课程计划组织课程活动的过程。如果说课程计划或方案代表了课程设计者在综合考虑各方面的要求、条件的基础上对课程活动的构想,那么课程实施便是这一构想付诸实践的过程。课程实施对于课程开发活动十分重要。再好的课程计划或方案,如果未能付诸实施,都无法成为学习者的"经验"课程而促进学习者的发展,课程开发活动的最终目的就会落空。而这种情况,在国内外的课程改革史上都出现过。①

课程实施存在于不同层面。大至国家、地区,小至幼儿园及其班级,都存在着表现形式不同的课程计划。国家层面的课程计划通常以"课程纲要""课程标准"等形式存在,在幼儿园及其班级层面则有学期计划、月计划、周计划乃至一次具体教育活动的计划。相应地,也就有了将不同层面的课程计划付诸实践的各个层面上的课程实施活动。②

---

① 王春燕.幼儿园课程概论(第二版)[M].北京:高等教育出版社,2014:102.
② 王春燕.幼儿园课程概论(第二版)[M].北京:高等教育出版社,2014:102-103.

二、课程实施的取向

对课程实施本质的不同理解,体现了人们相应的课程观,在实践中具体表现为对课程实施采取不同的取向。辛德等人(Snyder,Bolin & Zumwalt)关于课程实施取向的分类研究受到了课程学者的普遍认同。他们将课程实施的取向分为三种:忠实取向、相互调适取向、课程创生取向。

(一)忠实取向

忠实取向就是将课程实施看作忠实地执行预定课程方案的过程。课程实施成功与否主要取决于课程实施过程中预定的课程方案实现的程度。课程越接近预定的课程方案,则越为忠实,课程实施程度也就越高;与预定的课程方案差距越大,则越不忠实,课程实施程度就越低。

这种观点强调课程设计的优先性与重要性,强调事前规划的课程方案具有示范作用,教师应当不折不扣地执行。如果教师不能忠实地实施课程,则认为投资可观的资源、时间与精力以及规划最佳的学前教育课程的努力都是白费的。课程实施的忠实取向不给教师留下太多的弹性与自由发挥的空间,不鼓励或允许个别教师在自己组织的活动情境中因应变而修改课程内容。其基本假设是:倘若教师的课程实施选择权不多,则课程实施的方法就越明确,课程实施就越"忠实"。忠实取向强调课程专家在课程变革中的重要地位,把课程变革看成实施预定课程计划的机械、线性的过程,对课程实施者的主动性认识不足,容易陷入机械主义和教条主义的泥潭。

忠实取向的课程实施适用于某些特定的课程情境,特别适用于课程内容极为复杂、困难且不容易掌握、精熟的新课程方案,或是幼儿的理解有赖于结合课程内容的特定安排,因此,课程实施的顺序有必要在事前加以规定。然而,课程规范与行政命令可以规范课程科目知识的最小范围与最低标准,但无法硬性限制师生的最大选择范围与最高标准,更不应该限制师幼对学习方法的选择。

(二)相互调适取向

富兰(Fullan)认为,研究教育改革的实施问题,不应将改革方案看作一成不变的和完全可以实施的。不应当用固定的方法而要用动态的、变化的方法来看待改革的实施。[①]相互调适取向即把课程实施视为课程设计人员与课程实施者

---

① 钟启泉.课程论[M].北京:教育科学出版社,2007:204.

双方同意进行修正调整,并采用最有效的方法以确保课程实施成效的过程。相互调适取向强调课程实施不是单向的传递、接受,而是双向的互动与改变。课程方案有必要因应学前教育的实际情境而加以弹性调整。事实上,所有的课程方案在实施过程中都必须经过修正调整才能适用于特定而变化的课堂情境。唯有如此,教师才能使学生的学习获得最大的效能。

相互调适取向认为,一项课程方案付诸实施之后,可能会发生两方面的变化:一方面,既定的课程方案发生变化,以适应各种具体实践情境的特殊需要;另一方面,既有的课程实践会发生变化,以适应课程方案的特定要求。课程实施中的相互调适现象是必要的,也是必然的。

相互调适取向倾向于把课程变革视为一种复杂的、非线性的和不可预知的过程,而不是预期目标与规划方案的线性演绎过程。因此,应关注课程实施过程中的社会情境因素的分析,借以揭示课程变革的深层机制。相互调适取向考虑了具体实践情境,如社区条件、学校情境、师生特点等对课程实施的影响,反映了师生的主动性以及课程实施的复杂性、不确定性和过程性。与忠实取向相比,它更符合课程实施的实际情况。

(三)课程创生取向

课程创生取向即把课程实施视为师幼在具体的活动情境中共同合作、创造新的教育经验的过程。真正的课程并不是在实施之前就固定下来的,它是情境化、人格化的。课程实施本质上是在具体的活动情境中"创生"新的教育经验的过程。既有的课程方案不过是在这种经验创生过程中供教师选择的一种工具而已。

课程创生取向强调"课程即实践"。课程不是被传递的教材或课表,不是理所当然的命令与教条,而是需要加以质疑、批判、验证和改写的假设。

课程创生取向强调"教师即课程",教师是决定新课程成败的关键角色。《幼儿园教育指导纲要(试行)》的颁布,不过是学前教育课程改革的第一步。课程改革是教师的再学习过程。课程开发意味着教师的专业发展,没有教师的发展就没有课程的开发。新课程与旧课程的根本区别就在于,新课程认定课程知识不是由专家、学者发展出来传递给教师,再由教师传递给学生的。专家设计的课程仅仅是一种暂时性的假设,教师要在课堂教学中加以实验,与幼儿交互作用,与同事讨论对话,经由这种过程建构的结果才是知识。教师和幼儿是在观察、实验、分析、对话和争论中建构知识的。因此，教师必须改变角色，做一个学习者、反思者。

由于创生取向强调教师和幼儿在课程开发中的创造性，重视教师和幼儿在课程制订过程中的作用，因此这一取向对教师和学生的要求很高，推行的范围相对有限。

上述三种取向从不同侧面揭示了课程实施的本质，各有其存在的价值。从忠实取向到相互调适取向，再到课程创生取向，意味着课程变革从追求"技术理性"到追求"实践理性"，再到追求"解放理性"，体现了课程变革的发展方向。

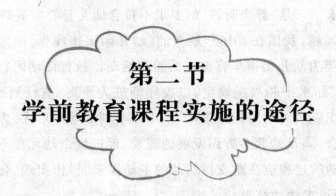

第二节
学前教育课程实施的途径

学前教育课程流派纷呈,其实施过程中的表现形态也多种多样。但不论如何变化,学前教育课程实施的基本途径无外乎教学活动、游戏活动和生活活动三种,只是不同课程流派的课程观不同,在这三者之间的取舍及其关系的处理上也会各不相同。

一、教学活动

(一)教学活动的界定

教学是一种有目的、有计划的由教师对幼儿施加影响的活动。它更多地强调教师的作用,强调教学的结果,承担着向幼儿传递人类和民族文化遗产的任务。

教学活动是幼儿园课程实施途径中的重要组成部分。教学包括教和学两个方面,教和学各有其独立的活动,不能互相代替,同时教与学又是辩证统一的。但它更多关注的是因学而教,是教师在对幼儿园课程理念做出理解的基础上,根据儿童学习的可能和需要,有计划、有目的地设计和安排的系列活动,是教师和儿童共同参与的双边活动。要确保教学活动顺利进行,达到预期的教学效果,教师就需要特别注意了解儿童的学习特点和学习规律,在活动前要进行相关的计划和准备,在活动过程中又要能够对儿童及其行为进行相应的反馈,为儿童提供适宜其发展的教学活动,从而使教学能够引导儿童的学习和发展。

但是在传统的幼儿园教学活动中,教师很容易出现教学上的偏差,主要表现在以下几方面:一是把教学活动演变为以语言为媒介的讲授活动,抽象的语言授受方式不适宜幼儿认知活动的特点。二是集体化的教学方式不能满足幼儿对个别化教学的需求。三是"静坐听讲"的要求不符合幼儿身心发展的特点。

针对上述问题，我国在2016年颁布的《幼儿园工作规程》第二十八条明确指出："幼儿园应当为幼儿提供丰富多样的教育活动。教育活动内容应当根据教育目标、幼儿的实际水平和兴趣确定，以循序渐进为原则，有计划地选择和组织。教育活动的组织应当灵活地运用集体、小组和个别活动等形式，为每个幼儿提供充分参与的机会，满足幼儿多方面发展的需要，促进每个幼儿在不同水平上得到发展。教育活动的过程应注重支持幼儿的主动探索、操作实践、合作交流和表达表现，不应片面追求活动结果。"

(二)教学活动的实施

在具体的教学活动实施过程中，我们应特别注意以下几个问题：

第一，从儿童的"生活世界"出发，教学应当实现向儿童"生活世界"的回归。

传统的学校教育人为地割裂了儿童的"生活世界"和"教学世界"，教学的目的和内容由于与儿童直接的现实生活无关而不能引起儿童的积极主动的活动，因此往往不得不借助于外部"权威"的管束或形式上的"包装"。人为割裂"生活世界"和"教学世界"不仅导致儿童学习主体地位的失落，使儿童不得不听命于外在的要求，按照成人的旨意去学习；而且往往导致儿童人格的分裂。因此教学重返儿童的生活世界，找回失落的主体意识，是当代教育改革的重要课题。

第二，改革传统教学过程中的"灌输式"教学，实现教学过程的"操作化"。

传统的教学是让幼儿静坐，然后教师开始讲课。这种教学的弊端在于把学习看作外在于幼儿的一个事件，以为知识可以脱离幼儿原有的经验，从外部强行注入幼儿的头脑中去。这种教学方式日益遭到人们的指责，但是目前少数幼儿园却走向另一个极端，即教学活动往往注重表面的热闹，实质却是让幼儿重复低水平的经验，结果使儿童的学习停留在表面，幼儿失去了原有的探索品质。教学过程操作化旨在避免无视幼儿原有经验的灌输式教学现象，以及认为操作就是身体操作，而无视思维操作的"操作主义"现象。

学前儿童正处于从动作思维向形象思维转化的阶段，其形象思维只有在动作的帮衬下才能更好地发挥出来，所以实现幼儿园教学过程操作化是幼儿园教学活动的一种必须的规定。

第三，幼儿园教学应以游戏为基本活动，实现教学的游戏化。

幼儿园教学的目的并不在于让幼儿学到多少静态的知识,而在于让幼儿以他们感兴趣的方式和手段,来了解生活中的各种事物和现象,帮助他们获取各种经验,促进其身心全面和谐发展。游戏是幼儿在幼儿园生活中不可或缺的内容,也是幼儿的一种积极主动的学习活动。幼儿在游戏中探索、发现、计划、思考,积极主动地建构自己的经验、意义和存在。幼儿在游戏中的学习活动,教师应予以充分的关注、重视和支持,为幼儿创设能够激发他们探索、想象、思考、表现、表达、交流合作的丰富的游戏环境,支持、引导、丰富和拓展幼儿在游戏中的经验建构,真正实现幼儿园教学的"游戏化"。

第四,在幼儿园教学中引进多媒体技术,实现教学方法的优化。

幼儿的认知具有具体形象性特点,对具体、直观、形象的事物容易理解,多媒体教学可以将教学内容形象、生动、鲜明地表现出来,将声音、图像等多种信息进行有机组合,创设各种形象生动的教学情境,使教学具有形象化和趣味性特征,能充分调动幼儿的视觉、听觉等多种感官,激发幼儿的学习兴趣。同时,在教学活动中,运用多媒体技术进行动态演示,能把以往教学中无法表现出来的抽象事物和现象变得形象、生动、具体、直观,将教学的重点和难点一一剖析,还能有力地支持和引导幼儿去发现问题、探索问题和解决问题,让幼儿在闻其声、见其形、入其境中运用多种感官发现规律,理解事物间的关系,使其学习取得事半功倍的效果。

二、游戏活动

《幼儿园教育指导纲要(试行)》指出,幼儿园的教育要"以游戏为基本活动,寓教育于各项活动之中"。陈鹤琴也说过,游戏是儿童的心理特征,游戏是儿童的工作,游戏是儿童的生命,从某种意义上说,幼儿的各种能力是在游戏中获得的。游戏是对幼儿的成长最具价值的活动,是最适合幼儿身心发展特点的活动,是幼儿园中开展频率最高的活动,也是幼儿最愿意从事的活动。幼儿健全人格的养成也有赖于游戏。游戏是幼儿的基本活动形式,在游戏的过程中,孩子们能够拥有更多的自主权,可以自主能动地活动,发表自己的看法。游戏活动和生活活动、教学活动一样,在学前教育课程中是不可或缺的,游戏活动和这两类活动互相补充、相互促进,在幼儿一日活动中起着重要的作用。

(一)游戏的界定

整体而言,要对游戏的本质做一个统一的界定极为困难,笔者倾向于荷兰著名历史学家、语言学家赫伊津哈给游戏的定义:"游戏是在特定的时间和空间中展开的活动,游戏呈现明显的秩序,遵循广泛的规则,没有时势的必需和物质的功利。游戏的情绪是欢天喜地、热情高涨的,随情景而定,或神圣或喜庆。兴奋和紧张的情绪伴随着手舞足蹈的动作,欢声笑语、心旷神怡随之而起。"①由此定义,结合不同学者对游戏的界定,可以大致概况出游戏的主要特征:

第一,游戏是自愿的,服从命令的游戏不再是游戏,不过是强制而为的模仿。

第二,游戏并非"平常"的或者"真实"的生活。这一特征和第一个特征关系密切,它走出了"真实"的生活,进入一个暂时的活动领域,带有它自己的倾向。比如,爸爸看见4岁的儿子坐在一排椅子前把椅子当作"火车"玩。他走过去拥抱儿子时,儿子说:"爸爸,不要亲我,我是火车头,要不那些车厢就会想,这不是真的火车。"②

第三,游戏和平常的生活截然不同,游戏具有隔离性和局限性,游戏是在特定的时间地点进行的。

第四,游戏有明显的秩序。在游戏场地内,一种绝对而独特的秩序居主导地位。在这里,我们看到另一个非常积极的游戏特征:游戏创造秩序,游戏就是秩序。游戏给不完美的世界和混乱的生活带来一种暂时的、有局限的完美。

第五,游戏远离功利性。游戏没有明确的目的,不受功利性左右,如果游戏具有了功利目的,则失去了游戏的本质。

第六,游戏是快乐的。游戏带有兴趣性和愉悦性。直接兴趣是儿童进行游戏的动力,儿童沉浸于游戏过程而不追求什么明确的目的,没有心理压力和负担,所以儿童在游戏中总带有愉快的情绪体验。这种情绪在表情上有所体现。儿童的表情在游戏中有不同的兴奋程度,分别是专注认真——平和轻松——微笑——嬉笑——夸张变形——放声大笑。③

---

① [荷兰]赫伊津哈.游戏的人:文化中游戏成分的研究[M].广州:花城出版社,2007:25.
② [荷兰]赫伊津哈.游戏的人:文化中游戏成分的研究[M].广州:花城出版社,2007:10.
③ 刘焱.幼儿园游戏教学论[M].北京:中国社会出版社,2000:61.

【案例分析】[①]

　　幼儿园的活动室里,老师正在组织幼儿开展角色游戏。活动室被分割为不同的角色游戏区,有娃娃家、医院、饭店、糖果厂、商店、公共汽车站等。幼儿按照自愿原则去了不同的游戏区,教师巡视指导。当她发现"医生"闲着无事可做的时候,就赶紧跑到"娃娃家",提醒"妈妈":"宝宝生病了。"在老师的启发下,"爸爸""妈妈"赶紧抱上"孩子",坐上"公共汽车",去"医院"找"医生"看病。"糖果厂"的"小工人"用糖纸包完"糖果"(橡皮泥)以后,坐着发呆。老师不失时机地跑来,启发他们:"今天是周六,该大扫除吧?"……

　　整个游戏过程中,老师忙得不亦乐乎,从这个区到那个区,启发诱导。通过她的穿针引线,各游戏组之间发生了横向联系,成为一个整体。游戏场面显得热闹而壮观。这就是我们在幼儿园经常可以看到的创造性游戏。但是,让我们来看一看孩子们是怎么看待这种游戏的。当老师宣布"今天的游戏玩到这里,小朋友可以自由活动了"时,两个男孩子走到一起:"现在好了,老师的游戏玩完了我们到外面去玩我们自己的游戏吧。"

(二)游戏活动的实施

1. 提供幼儿开展游戏活动的时间、空间和材料

　　时间、空间是幼儿开展游戏活动的必要前提,充足的游戏材料是开展游戏活动的基础。无论是哪种游戏,儿童都需要有充裕的时间去探索和尝试。如果在幼儿尚未掌握游戏的技巧,或仍未了解玩具的特性时便停止游戏,会阻碍幼儿愿望的实现,也会降低游戏的价值。[②]幼儿园应该为一些游戏提供较长的活动时间,一般以四五十分钟为宜。

　　场地是儿童游戏的空间。场地的空间密度、地点、结构特征及设备的位置都会对儿童游戏产生一定的影响。游戏场地的空间密度包括游戏人口密度和游戏材料密度两个方面。它表现为儿童活动空间的大小,并且影响到儿童所能获得的游戏材料(或玩具)的数量,也最终影响到儿童具体的游戏行为及儿童之间的相互关系。一般而言,较大的空间,可以增加社会性游戏及打闹混战的发生频率。游戏人口密度的增加会导致想象性游戏和旁观行为次数的增加。教师在选

---

① 刘焱.幼儿园游戏教学论[M].北京:中国社会出版社,2000:61.

② 丁海东.学前游戏论[M].济南:山东人民出版社,2001:110.

择游戏场地的时候,必须思考活动区域的设置应该确保能够满足所有不同年龄和能力的儿童。[1]比如,婴幼儿和学步儿可以在场地中爬行和探索,同时确保他们远离骑车或者踢球的儿童。此外,为儿童设置的场地,应该包括不同的形式,比如方便他们探险的丘陵和山坡。教师应该使用各种障碍限定游戏场地,比如使用草丛、轮胎或者木板标识隔离骑行、球类运动和自由游戏以及安静的游戏的场地。[2]

　　游戏材料是幼儿开展游戏的媒介。幼儿开展游戏多是由于受到游戏材料的刺激或吸引,年龄越小越是如此。教师要给幼儿提供充足、类型多样的游戏材料,引导幼儿开展游戏。游戏材料摆放的位置要合理,不能影响幼儿的活动,同时要依据幼儿的兴趣以及需要随时进行调整或更换。随着幼儿年龄和能力的增长,教师可以多为幼儿提供一些多功能的游戏材料。在此之前,教师要明确一个基本问题:材料是为幼儿游戏准备的,要符合幼儿游戏的需要,游戏场地不是教师手工素养的展示阵地。[3]

2. 明确幼儿是游戏的主体,教师是引导者、支持者、合作者

　　《幼儿园教育指导纲要(试行)》中指出,幼儿园教育应尊重幼儿的人格和权利,尊重幼儿身心发展的规律和学习特点,以游戏为基本活动,保教并重,关注个别差异,促进每个幼儿富有个性地发展。可见,游戏在幼儿发展过程中的重要性。"幼儿是活动的主体",决定了游戏活动中应该让幼儿成为游戏的主人。在游戏中,幼儿的性格、情感、交往能力、兴趣爱好、意志品德等都会集中反映出来,而这些方面也只有通过幼儿自身的活动才能够得到锻炼提高,教师不能代替。有些教师常以成人的眼光、指导者的角度看待孩子的游戏,急切希望孩子在每一次游戏中都有所发展、有所提高。他们总觉得孩子在游戏中这样做不符合生活实际,那样做违反游戏规则,于是把自己所认为的现实情况一味地灌输给孩子,告诉孩子该怎样怎样玩,游戏成为老师导演的一场戏。幼儿的自主探索、自我体验、自主创造的权利就此被教师剥夺了,幼儿游戏的积极性大受挫伤。因此,教师对幼儿游戏活动的指导,应以不改变幼儿的主体身份为前提。在幼儿的游戏过程中,教师要在观察与了解幼儿与环境相互作用的方式与特点的基础上,提供

---

① 丁海东.学前游戏论[M].济南:山东人民出版社,2001:108.
② 王善安.西方儿童冒险游戏:内涵、价值及实施策略[J].早期教育(教师版),2017(04):7-9.
③ 张亚军.幼儿园课程概论[M].上海:华东师范大学出版社,2015:126.

适时的指导与帮助,同时也可以与幼儿一起准备游戏所需的材料,并且通过点评,对幼儿在游戏中的点滴进步或创造进行肯定。在幼儿的游戏活动中,教师应当从旁指导,而不是凭自己的主观意志与愿望去"丰富"幼儿的游戏情节。

3.丰富幼儿的生活经验

游戏经验的丰富也就是生活经验的丰富。众所周知,游戏是幼儿对现实生活的反映,丰富的生活经验是幼儿开展游戏的基础。在开展游戏时,教师首先要善于利用观察、参观、看图片、讲故事等多种形式丰富和加深幼儿对周围事物的印象。如在开展结构游戏前,应引导幼儿对各种物体及建筑物进行细致的观察,引导幼儿认识物体各部分的形状与结构特征,也可以利用图片补充直接观察的不足。

三、生活活动

(一)对生活活动的理解

幼儿园生活活动一般是指幼儿的入园、就餐、饮水、盥洗、如厕、睡眠、离园等环节的活动。同教学活动、游戏活动一样,生活活动的作用同样不可替代。就教育目标而言,有些目标易于在生活活动中达成。生活活动还能配合教学活动,让教育目标更好地达成。具体来说,生活活动对于幼儿成长的意义表现为:能够培养幼儿良好的生活与卫生习惯以及生活自理能力;能够促进幼儿智力的发展;能够帮助幼儿尽快适应并快乐地度过幼儿园时期的生活,是幼儿学习的有效途径。

生活活动对幼儿的成长有非常重要的意义,这是由生活环节本身的特点决定的。[①]

第一,生活环节具有基础性。就餐、饮水、如厕、睡眠这些生活环节是幼儿的基本生理需求,这些需求得不到满足,幼儿的生活就会出现问题。

第二,生活环节具有独特性。每一个生活环节都是幼儿生活的基本要素之一,具有其他任何环节不可替代的作用。

第三,生活环节具有真实性。就餐、饮水、盥洗、如厕、睡眠、入园、离园这些环节都是幼儿生活中的真实场景,不断地推动着幼儿的成长和发展。

---

① 张亚军.幼儿园课程概论[M].上海:华东师范大学出版社,2015:133-134.

第四,生活环节具有重复性。一是时间长,一般情况下,幼儿每日在园时间约为10小时,集体教学活动时间约占1小时,室内自由游戏、户外游戏时间约为2—3小时,生活环节的时间约为6—7小时,占总时间的60%—70%;二是频率高,这些活动每天都在重复进行,甚至饮水、如厕等活动一天还要重复多次。

(二)生活活动的实施

生活活动能够满足幼儿的基本生活需要,且具有多方面的价值,因此幼儿园教师应对生活活动加以科学的组织与实施。一般而言,幼儿园生活活动的实施应注意以下几点:

1. 贯彻保教结合的原则

幼儿园生活活动是幼儿园课程的载体,它与教学活动之间并不是泾渭分明,而是水乳交融的。保育和教育相互渗透、相互结合,是不可分割的整体。只有保教结合,并且时时贯穿于日常生活中,才能更好地促进幼儿的全面发展。例如:幼儿来园、晨间活动、盥洗、进餐、睡觉等,这些看起来很平常的琐事,却能培养幼儿良好的行为习惯。这不仅是保育工作,也是教育工作。著名的教育家陶行知曾指出,全部的课程即全部的生活,一切课程都是生活,一切生活都是课程,教育即生活。因此保育和教育要共同协作,不分彼此。

2. 建立科学的日常生活制度

日常生活制度有广义和狭义之分。广义的日常生活制度包括幼儿在幼儿园三年的总体生活安排;狭义的日常生活制度指幼儿一日生活中各主要环节的时间划分、顺序安排和规则要求。日常生活制度要充分考虑幼儿的生理心理特点。比如《幼儿园工作规程》规定在幼儿园中,"正餐间隔时间为3.5—4小时。在正常情况下,幼儿户外活动时间(包括户外体育活动时间)每天不得少于2小时,寄宿制幼儿园不得少于3小时;高寒、高温地区可酌情增减"。睡眠方面,美国"全国睡眠基金会"(NSF)根据专家研究成果,对各年龄段的孩子提出了新的睡眠时间建议,其中3—6岁学龄前儿童的睡眠时间为10至13个小时。[①]

3. 建立合理的一日生活常规

幼儿园的一日生活常规是指幼儿园一日生活活动中各生活环节所应遵循

[①] 世界睡眠日:各年龄段孩子睡眠时间表你知道吗?[EB\OL].http://baby.sina.com.cn/health/hlbj/hjkcs/2016-03-21/doc-ifxqnski7787258.shtml,2017-9-16.

的规则与行为规范。生活常规是日常生活制度的组成部分。合理的生活常规，有助于幼儿适应集体和公共环境，也有助于维持班级秩序。合理的生活常规标准有三个：一是保障幼儿健康安全之必需；二是保障集体生活及幼儿交往顺利之必需；三是要符合幼儿年龄特点，是幼儿可以做到的。

某幼儿园一日生活常规（部分）

晨间接待时对幼儿的要求：

（一）衣着整洁，愉快入园，有礼貌地和老师、小朋友问好。

（二）有礼貌地和家长告别。

（三）学会告诉老师自己的身体有无不舒服的感觉。

（四）积极投入晨间活动。

升国旗、早操时对幼儿的要求：

（一）按顺序排队进入活动场地。

（二）升旗时立正，行注目礼。

（三）听从指挥做操。精神饱满、情绪愉快，注意力集中，姿势正确、动作整齐，努力达到锻炼目的。

（四）用完轻器械后放回原处，注意爱护。

盥洗时对幼儿的要求：

（一）盥洗时不拥挤。

（二）学习掌握洗手、洗脸时的顺序和方法。

1.卷好袖口，小班幼儿由老师帮助，中班幼儿互相帮助，大班幼儿会独立操作。

2.先把手淋湿，搓上香皂。

3.按手背、手指、手腕顺序洗手，再冲洗皂沫，抖掉水珠，用自己的毛巾擦干手，挂好毛巾。

4.洗完手后，先用毛巾擦眼角周围，接下来是额头、整个脸庞、嘴巴、鼻子，搓洗毛巾后再洗耳朵和脖颈；再次搓洗毛巾并按顺序再洗一次脸，把毛巾洗干净挂好。

5.春、秋、冬季幼儿脸上可擦护肤霜。

（三）自觉遵守盥洗规则，动作迅速、认真。不玩水，不浸湿衣服和地板。

（四）小班由教师帮助，逐步学会洗手、洗脸，中大班幼儿应独立洗手、洗脸，尤其大班幼儿应迅速、正确地洗干净手、脸。

进餐时对幼儿的要求:

(一)愉快、安静地进餐,逐步掌握独立进餐的技能。

(二)进餐时不大声讲话,不随便说笑打闹。

(三)正确使用餐具:一手拿勺子(中大班使用筷子),一手扶住碗,喝汤时两手端着碗。

(四)逐渐养成文明的进餐习惯。

1.进餐时要细嚼慢咽,不慌不忙,不吧唧嘴。

2.不挑食,不用手抓食物,不剩饭菜,不弄脏桌面、地面和衣服,不东张西望。骨头、残渣放在指定的地方,不要将自己不吃的饭菜挑在别人碗里。

3.咽下最后一口饭再站起来,轻放椅子,离开饭桌,送回餐具。

4.饭后漱口、擦嘴、洗手。

思考与练习

1.试分析三种不同的课程实施取向的优缺点。

2.举例分析如何在幼儿园一日生活活动中实施学前教育课程。

3.简述游戏的特征。

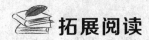 拓展阅读

食育:日本幼儿园入园第一课①

感恩每份食物

日本的幼儿园非常注重孩子的"食育"教育。从会说话开始,幼儿就要学习日本独有的用餐礼仪:用餐前后都要双手合十说"得到""领受"和"承蒙款待"等敬语。这些敬语所真正表达的是"感谢动植物牺牲自己的生命,来延续我的生命",是对自然的恩赐、对成为自己食物的动植物们的一份虔诚的感恩之心。

① 食育:日本幼儿园入园第一课[N].重庆日报(农村版),2014-10-17

"食育"教育，还包括教会孩子食物的营养搭配。幼儿园的入口处，有一块彩色的宣传板，上面写着每天午餐的菜单。宣传板上贴着各种蔬菜的名字。大塚园长介绍说，园里除了为孩子们做饭的"调理士"之外，还设有一名营养师。每天，"值班生"会和营养师、老师一起把菜谱中使用的蔬菜名字按照红色(代表肉类、鱼类等)、黄色(代表主食)和绿色(代表青菜)分类贴在宣传板上，教孩子辨别各种食品材料，让他们掌握基本的健康知识，如哪些食物是有利于运动的，哪些是调理肠胃的，等等。

遵守餐桌礼仪

日本幼儿园"食育"教育的另一个原则，就是要求孩子们吃饭时细嚼慢咽。大塚园长强调，细嚼慢咽不仅是一种文明的餐桌礼仪和教养，它还有一个好处：令食物的营养更容易吸收，不会因为吃得太快而给肠胃带来负担，造成消化不良。

在樱台保育园，5岁大班孩子的吃饭时间是40分钟。他们围坐在小桌子周围，面前摆着大小四五个碗和盘子，里面盛着饭菜。孩子们吃饭时很讲规矩，就连用餐巾纸擦嘴，也只轻轻擦拭嘴角，然后还要将纸巾整齐折叠起来才扔掉。开饭30分钟后，老师会对孩子们说，最后一次添饭菜，还没有吃饱的小朋友自己去取。几个孩子立刻站起来走到旁边的台子旁，有的拿水果，有的添菜或盛汤。

自己收拾餐具

饭后，大多数孩子都已经把自己用过的碗碟摆在了一起。只见老师一声令下，这些5岁的孩子纷纷起立，拿起自己用过的餐具，排队送到了教室入口处的台子上：同样大小的碗摆在一起，筷子和勺子也都有固定的盛放的盒子。而且几乎没有人剩饭剩菜。

大塚园长表示：在这里，孩子们从2岁就开始培养自己收拾餐具的习惯。最初，我们让孩子将餐具摆放在桌子中间，然后教他们自己收拾碗筷。为照顾孩子们的健康，我们坚持使用陶瓷餐具。虽然偶尔会有餐具被打碎的情况，但这样有利于培养孩子小心拿放的意识，更利于他们养成小心轻放、自己收拾的习惯。

第5章

学前教育课程评价

有的幼儿园会在学期末从每个班级中随机抽取一些幼儿,让其背诵儿歌、做算术题和唱歌等,以此作为评价本学期幼儿发展状况的主要依据。这样的评价是科学的吗?如何进行学前教育课程评价才是科学的?

【学习目标】

1. 知识目标：了解学前教育课程评价的类型，理解学前教育课程评价的内涵及目的。

2. 技能目标：能够掌握学前教育课程目标、内容、实施及效果评价的基本方法。

【学习重点】

掌握学前教育课程目标、内容、实施及效果评价的基本方法。

【知识结构图】

学前教育课程评价
- 学前教育课程评价概述
  - 学前教育课程评价的内涵
  - 学前教育课程评价的目的
  - 学前教育课程评价的类型
- 学前教育课程评价的内容
  - 学前教育课程的目标评价
  - 学前教育课程的内容评价
  - 学前教育课程的实施评价
  - 学前教育课程的效果评价

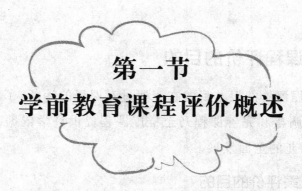

第一节
学前教育课程评价概述

　　评价是一种常见的含有某种价值取向的、有目的的社会活动。教育领域中存在着多种评价,如教学评价、教师评价、学生评价、课程评价等。其中,课程评价作为课程开发的基本问题与核心环节,在课程开发与课程实施中占有举足轻重的地位,它既是课程运作的"终点",也是课程继续发展的起点,并伴随着课程发展的整个过程。美国著名课程论专家拉尔夫·泰勒(Ralph W. Tyler)在1949年出版的世界教育名著《课程与教学的基本原理》一书中首次将课程评价视为课程开发的一个重要环节,他把课程评价问题作为课程开发的四个基本问题之一,从而使课程评价研究成为课程研究领域的重要内容。课程评价研究问题一经提出,就引起了教育界的关注和重视。课程评价领域从价值取向到操作模式,每个时期的嬗变与演化过程中都折射出了时代精神的发展轨迹,与此同时,各个教育阶段的课程评价也都显示出了其不同的关注重点。下面我们将对学前教育课程评价进行专门论述。

一、学前教育课程评价的内涵

　　学前教育课程评价作为教育评价和课程评价的一个有机组成部分,从一定意义上讲,与一般的课程评价并无太大差别。虞永平指出,学前教育课程评价就是在对幼儿园课程的计划、活动以及结果等有关问题的量或质的记述的基础上做出价值判断的过程。简单地说,学前教育课程评价就是要探索课程的编订和实施是否符合教育目的和儿童特点的要求;通过课程的学习,是否收到了预期的效果;课程在什么方面需要改进,等等。[①]因此,学前教育课程评价既是启动幼儿

①虞永平,彭俊英.对我国幼儿园课程评价现状的分析和建议[J].人民教育,2003(11):23.

园课程开发的关键,也是延续幼儿园课程开发的最佳途径,起着导向和质量监控的重要作用。[①]

二、学前教育课程评价的目的

学前教育课程评价的根本目的在于通过对课程的诊断,了解课程的适宜性、有效性,为修正、调整和完善课程乃至推广课程提供科学依据,从而提高学前教育的质量,促进幼儿的全面发展。

(一)课程方案评价的目的

课程方案评价,主要是考察和评定学前教育课程所持有的基本理念以及所强调的主要价值取向,是否与幼儿园所在的社会文化背景相契合,是否与幼儿园教育实际状况相契合;考察和评定学前教育课程的目标、内容、方法等是否在课程理念的统合之下形成一个协调的整体,并发挥其总体的功能。[②]

1. 需要评估

学前教育课程内容之于幼儿发展的适切程度直接影响着幼儿园教育目标的达成程度和幼儿的最终发展。课程方案评价有助于人们在学前教育课程开发与课程改革之前了解更多关于学前教育课程的信息,为学前教育课程的发展提供参考和依据。学前教育课程开发和发展前需要了解和掌握社会、幼儿、教师等多方面的需要和诉求。首先,通过课程方案评价可以了解社会或幼儿发展的需要,这种评价结果可以为学前教育课程开发提供最直接的依据;其次,通过课程方案评价可以获得教师对学前教育课程的理解程度、掌握程度等信息,了解教师对学前教育课程发展的具体要求和期望,进而促进学前教育课程的开发。因此,在学前教育课程开发之前,必须对社会或幼儿的需要进行全面了解,进而为课程开发提供直接依据。这一任务可由课程方案评价来承担。

2. 筛选适宜的课程方案

当前,学前教育领域存在着多种幼儿园课程计划和方案,每一种课程计划和方案都有着不同的特点,且质量良莠不齐。学前教育课程评价具有甄别与选择的功能,通过评价可以了解不同类型、不同级别、不同领域的学前教育课程在课程目

---

① 李子建,杨晓萍,殷洁.幼儿园园本课程开发的理论与实践[M].北京:人民教育出版社,2009:154.
② 李玮,李艳丽.幼儿园课程[M].北京:中国轻工业出版社,2016:76.

标设置、课程内容的选择与组织、课程实施及实施效果等方面的优劣,从整体上掌握相关课程的基本信息,并评估其潜在价值与预期价值。在评价的基础上,幼儿园可以结合本园教育实际情况和需要选择具体的课程计划,制定课程实施方案。

(二)课程实施过程评价的目的

学前教育课程总是随着幼儿的成长和发展而不断变化和发展的,在不同的发展阶段,由于学前教育课程的变化和发展与幼儿成长和发展的速度不一致,学前教育课程总是不能满足幼儿成长和发展的需要。因此,课程实施过程评价可以有效地诊断学前教育课程中不适合或不能满足幼儿发展需要的那一部分内容,为学前教育课程的及时修订和补充提供支撑。对正在形成中的幼儿园课程计划,课程实施过程评价可以有效地总结出其优点加以保持和发扬,找出其缺点和不足及其成因,为学前教育课程的修订和完善提供依据。在反复的评价和修订过程中,学前教育课程可以逐渐趋于完善。

(三)课程效果评价的目的

1. 对目标达成程度的了解

每一种幼儿园课程计划总是具有特定的预设目标,即在课程实施后要实现某种教学目的和学习效果。幼儿园课程实施的阶段性效果是否与幼儿园课程的预设目标相一致?如果不一致,是高于预设目标的要求,还是低于预设目标的要求?这一系列问题需要课程效果评价来回答。课程效果评价有助于人们了解学前教育课程实施过程中目标的达成程度,这种评价也被称为形成性评价。幼儿园课程计划实施之后,通过课程效果评价可以了解课程实施的具体效果,并掌握效果的大小和范围,在将已获结果与预设目标进行比较对照之后,就可以了解和判断其目标的达成程度。

2. 成效的判断

幼儿园课程计划实施的直接目的是满足幼儿当前学习和发展的需要,最终目的是促进幼儿身心健康发展和成长。一项幼儿园课程或教学计划在实施后是否有效果,获得多大成效,收到哪些成效,这些问题都可以通过课程效果评价全面衡量学前教育课程实施过程中的各个环节,作出价值判断。这种课程评价功能被称为成效的判断,也被称为课程实施的终结性评价,这种判断和评价不同于上述对目标达成程度的了解,它是对效果的全面把握,既包括对预设效果的了解和掌握,也包括对那些预定目标之外的效果的把握。

三、学前教育课程评价的类型

从本质上讲,评价是"根据一系列重要的目标或量规收集并整理数据以做出价值判断的过程"[①]。既然是价值判断,就会因不同的人、时、物而产生不同的判断结果,从而产生不同的判断类型。幼儿园课程的评价大致有以下几种类型。

(一)诊断性评价、形成性评价和总结性评价

根据评价的作用和性质,可以把学前教育课程评价分为诊断性评价、形成性评价和总结性评价等三种类型。

1. 诊断性评价

诊断性评价是指在幼儿园教育活动开始之前或确定具体的幼儿园课程之前,为使幼儿园教学计划和教学内容更好地满足幼儿发展的需要,使教学计划有效实施而进行的预测性评价。这种评价的目的主要是了解幼儿的知识、经验、技能、习惯等方面的信息,为制订教学计划和选择教学内容提供参考,为实现教学效果最优化和因材施教提供依据。诊断性评价是在课程开发的准备阶段进行的活动,其作用在于诊断课程开发的相关背景,如幼儿的兴趣与需要、教师的能力与意愿、幼儿园的现实状况、地方需求与期望、课程材料的特点与质量等,在一定程度上优先预测教育的需要,为课程的设计与开发提供适时的、正确的信息。[②]

在幼儿刚入园时,教师会通过多种途径对幼儿的相关信息进行了解,如观察和记录幼儿的在园表现、询问幼儿的监护人、查看幼儿的成长记录等,以便了解幼儿的发展情况,掌握幼儿的生活、学习等方面的特点;在每学期刚开始时,老师通过询问幼儿家长和观察幼儿行为表现了解幼儿的发展水平,为制订新学期的教学活动目标和选择新的活动内容提供参考,这都属于诊断性评价。

2. 形成性评价

形成性评价是在课程开发或课程实施尚处于发展或完善过程中进行的,其

---

① [美]艾伦·C.奥恩斯坦,费朗西斯·P.汉金斯.课程:基础、原理和问题[M].柯森主译.南京:江苏教育出版社,2002:343.

② 李子建,杨晓萍,殷洁著.幼儿园园本课程开发的理论与实践[M].北京:人民教育出版社,2009:155-156.

主要目的在于搜集课程开发或实施过程中各个局部优缺点的资料,作为进一步修订和完善的依据。①形成性评价发生于学前教育课程的编制阶段,是对于课程设计草案或通过考察课程计划和教学材料收集到的经验数据的评估与判断,其重点在于课程的内在特征,而不是课程的使用效果。换句话说,形成性评价更多关注的是学前教育课程开发过程中课程目标的合理性、课程目标与课程内容的一致性、教学材料的适切性以及课程内容的科学性等问题。

形成性评价是学前教育课程评价中的一种重要类型,课程实施者在进行形成性评价时要正确处理预设课程与生成课程之间的关系。预设课程为教师的教和幼儿的学提供了一种脚本参考,但预设课程能否满足幼儿不断发展变化的学习需要,直接影响着幼儿的学习状态和学习结果,因此,教师需要在工作中每隔一段时间对教材的使用情况和幼儿的发展情况进行一次评价,以便总结经验,找出问题,调整、修订教学内容。

3. 总结性评价

总结性评价是指课程实施之后对于编制和设计出的课程的质量所作出的全面评判。总结性评价以预先设定的教育目标和课程目标为依据,对幼儿最终掌握课程内容的程度、幼儿各个方面是否都有一定程度的发展等方面进行评判,从而对整个课程开发过程或具体课程方案进行总体效果方面的评价,旨在检核课程方案的有效性,为推广采用课程计划或比较不同课程计划之间的优缺点提供信息。

总结性评价关心的是幼儿园教育活动的结果,即幼儿的学习效果和结果。常常通过对幼儿的学习结果进行评价进而间接地对幼儿园课程的优劣作出评价。由于学前教育课程的实施效果和结果容易受到教师的知识储备、教学技能、教学智慧、教学理念以及幼儿园教学环境等多方面因素的影响,总结性评价结果也会受到某种程度的直接影响。

(二)内在评价和效果评价

根据评价关注的问题,可以把幼儿园课程评价分为内在评价和效果评价两种类型。

1. 内在评价

内在评价是指对课程计划本身的评价。这种评价更多关注的是课程计划本

---

① 李雁冰著.课程评价论[M].上海:上海教育出版社,2002:9.

身的内在价值和课程内容组织的合理性,如课程目标设置的优缺点、课程内容的性质、课程内容组织的结构性和逻辑性等。而课程计划实施后可能获得的效果,则不属于该类评价的内容。主张这种课程评价类型的学者认为只要有科学、合理的课程计划,就一定会取得很好的教学效果。

2. 效果评价

效果评价即对课程实施效果的评价,主要分析的是课程计划的实现程度。效果评价的目的在于对课程计划的外在价值做出科学的判断,它关注的是课程计划实施的效果与课程预设目标之间的一致性,关注的是课程计划实施后所产生的结果,而考察课程对幼儿所产生的影响就是判断其效果的重要依据。但这种评价不关注课程计划本身的合理性、课程计划实施的具体状况等。

(三)内部人员评价和外部人员评价

根据评价主体的不同,可以将学前教育课程评价分为内部人员评价和外部人员评价两种类型。

1. 内部人员评价

内部人员评价是指课程设计者或课程计划实施者根据一定的评价指标和标准对学前教育课程的相关内容进行的评价。内部人员是指与幼儿园课程计划的制订和实施有直接关系的人员,具体包括制订幼儿园课程计划的专家、学者等理论研究者和实施学前教育课程计划的园长、教师等。内部人员评价具有很大的自主性,尤其是对于课程计划实施者来说,在课程计划实施前、实施中、实施后都可以进行评价。

2. 外部人员评价

外部人员评价是指与课程计划制订和实施无直接关系的人员对学前教育课程进行的评价。外部人员主要包括与学前教育课程制订和实施无直接关系的教育行政人员、教育督导、专家学者、幼教同行、幼儿家长以及社会上的其他人员。外部人员评价具体主要包括教育行政人员对学前教育课程的评价、督学系统的督导评价、专家评价、系统内同行评价、幼儿家长评价以及社会评价。

内部人员评价与外部人员评价并不是完美的评价,这两种评价都具有优点和缺点。内部人员评价的优点主要包括:评价者对课程计划的相关信息都有相当程度的了解,评价具有一定的深度且具有针对性,评价的结果有利于课程计划的进一步修订和完善;其缺点是,评价者作为一个局内人,受先前课程设计和课程实施思想、理念和思路的影响,难以跳出思维惯性和定式的怪圈,无法保证评价结果的客观性。外部人员评价与内部人员评价正好相反,评价者作为一个局外人,虽然对学前教育课程计划或课程方案的内部思想不是十分了解,但是拥有更为开阔的评价视野,在不受课程设计思想影响的前提下能够对课程计划或课程方案作出相对全面、客观的,令人信服的评价结果。鉴于此,在对学前教育课程计划或课程方案进行评价时,既需要课程设计和课程实施的内部人员的参与,也需要外部人员的参与,将内部人员评价与外部人员评价有机结合起来。

(四)量化评价和质性评价

根据评价的方法的不同,可以将学前教育课程评价分为量化评价和质性评价两种类型。不同的评价方法背后隐含的是不同的评价观和不同的课程价值观。

1.量化评价

量化评价,是指用简化的数字、数量对复杂的教育现象和课程现象进行分析和解读,进而得出结论。量化评价方法以科学实证主义为基础,认为数字能说明一切,只有通过定量化研究才能得出科学、客观的结论。虽然量化评价在一定程度上确实能准确分析出教育现象和课程现象中存在的问题,并提供直观的强有力的证据,但是其对于某些教育现象和课程现象仍不能给出令人信服的结论,如量化评价无法很好地显现出特定的教育观、儿童观、课程观、课程价值观等方面的问题,也不能很好地揭示问题存在的深层次原因,等等。

众所周知,教育和课程受多种因素的制约和影响,而量化课程指标体系仅仅考虑了若干个外显的、可以测量的变量,而将课程规划中那些不可测量的关键变量排斥在外,从而影响了课程评价结果的信度。与此同时,量化评价排斥对既定教育计划的持续性再开发,这就不可避免地造成课程评价与课程开发之间的鸿沟。最后,它只重视行政管理人员和课程评价者的利益,忽视教师在工作中遇到的实际问题,从而使价值失去了多元性。①

2.质性评价

质性评价,也称"自然主义评价",即通过自然的方法,全面充分地揭示和描

---

① 张杨.论课程评价中的量化评价与质性评价[J].宁波大学学报(教育科学版),2004,26(3):39.

述评价对象的各种特质,以彰显其中的意义,促进对课程的理解。在具体的课程评价中,评价人员主要是通过观察法、调查法、比较研究法、归纳演绎法、系统分析法、哲学分析法、逻辑分析法等方法搜集、处理关于幼儿园课程的资料和信息,对课程计划或课程方案作出定性分析。它主张对真实的课程计划、课程方案以及教学现象进行全面、深刻的描述,反映出其真实情况,反对用数字的形式去评价复杂的教育现象和课程现象,它认为简化的数字只能歪曲地、片面地解读受多种因素影响的课程现象,不能完全揭示出课程计划或课程方案存在问题的原因和人的主观思想。质性评价是20世纪六七十年代以来课程评价专家针对量化评价方法暴露出来的诸多问题而对量化评价进行反思、批判的结果。

当然,学前教育课程的质性评价方法也存在一定的缺陷。由于质性评价的评价者和评价对象都是人,因而会不可避免地受到各种主观因素的干扰,从而影响评价的信度和效度。评价者个人背景以及和被评价者之间的关系,会对课程评价过程和结果产生较大影响。质性评价对评价者的要求很高,并不是所有的评价者都能胜任,且质性评价必须经历一个相当长的时间,还要有相当大的资金投入。

总之,上述分类方法使用的是不同的标准,一种分类方式并不一定能涵盖所有的评价形式,而且各个类型之间并非相互排斥,而是可以彼此相容的。即使是某种分类方法内部,也并非十分严格,而只是一种粗略的概括。评价分类的目的并不是为了对号入座,而是为了便于了解、把握各类评价的特点。分类本身不是目的,它只是为人们更好地把握和选择评价方式提供了一条便捷的途径。

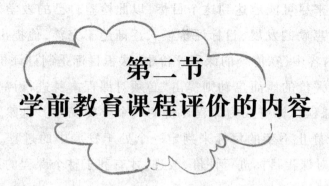

第二节
学前教育课程评价的内容

一、学前教育课程的目标评价

　　课程目标决定了课程内容的选择和组织,影响着课程实施的方式方法,它是整个学前教育课程的轴心,是选择教育教学行为的依据;课程目标引导着教育教学的方向,是课程设计的起点,也是课程设计的终点;课程目标也是评价教育教学效果的标准。

(一)目标评价模式

　　目标评价,顾名思义,是指对幼儿园课程目标制订过程中的各个环节和课程目标的最终状态进行的评价。目标评价,有助于人们了解和掌握已有课程目标的科学性、合理性、全面性和系统性,有助于课程目标更好地发挥指导课程内容的选择和组织、课程实施和课程评价等环节的作用。

　　目标评价模式主要是在泰勒的"评价原理"和"课程原理"的基础上形成的。泰勒的"评价原理"是以目标为中心而展开的,大致可以分为七个步骤:(1)确定目标;(2)根据行为和内容界定目标;(3)确定使用目标的情境; (4)设计呈现情境的方式;(5)设计记录的方式;(6)确定评价时使用的计量单位;(7)设计获得代表性样本的手段。

　　泰勒的目标评价模式因为便于操作而又直接有效,曾在课程评价中占领主导地位。但是,目标评价模式强调预期的课程目标,而相对忽视了课程实施的前提和过程,以及其他一些与课程预期目标无直接关联的因素。我们可以反观我们身边大多数人的做法，几乎都是确定一个目标，然后围绕这个目标开展各种教学和活动，来尽可能地达到这个目标，以此检验自己的教学效果。

后来，经过惠勒的发展，目标评价模式逐渐趋于完善，他提出课程目标应纳入课程评价的内容中，在传统的课程评价中，课程目标是制订评价标准的重要依据，是不容再被评价的。而惠勒则提出"必须对课程本身进行评价"这一著名的观点。他认为课程目标应成为课程评价的一个重要视角。自然，课程是一个过程，如果用一个静止不变的目标来判定一个处于发展中的过程，无异于刻舟求剑。所以，必须对课程目标进行评价、改进，才有利于整个课程的运转和发展。

(二)如何进行目标评价

2016年教育部颁布的新的《幼儿园工作规程》(以下简称《规程》)和《幼儿园教育指导纲要(试行)》(以下简称《纲要》)是我们进行学前教育工作和学前教育评价的重要依据，《规程》和《纲要》中提出的幼儿园保育和教育的目标就是我们学前教育课程的评价目标。学前教育课程目标就如课程的指南针，代表着学前教育所追求的大致结果。在对学前教育课程目标进行评价时，必须考虑以下几个方面的因素：

1. 学前教育课程目标的适应性

学前教育课程目标的确定是一项复杂的工作。在课程的开发过程中，在确立课程目标时，我们应考虑课程目标的适应性。比如，一些可能的课程目标是不是必要的目标？这些目标是否考虑幼儿当前的学习能力？还有一些目标，虽然经过幼儿的努力也可以达成，但它脱离了幼儿个体的兴趣和爱好，对儿童的身心发展没有什么好处，与儿童的现实生活相差太远。

真正适合儿童的学前教育课程目标应该是幼儿发展所需要的，与自然、生活及自身紧密相关的，能够让幼儿在成人的帮助下不断地向最近发展区前进、靠拢，从而获得新的发展。

2. 学前教育课程目标结构的合理性

课程目标的合理性体现在课程目标结构应该包括总目标、各年龄段目标和具体的活动目标、情感目标、认知目标。当然，目前绝大多数的学前教育课程目标都是比较清晰的，至少在结构上是可见的，有些还有月、周、日等目标结构。但有的结构是不完整的，部分层次的目标存在缺陷。如，有的课程目标缺少具体的目标,或者只有时间维度的目标。

3. 学前教育课程目标之间的连续性

学前教育课程目标不是分离的,而是连续的、不可分割的。各级目标之间应该是综合贯通的,从而构成一个"整体大于部分之和"的体系。学前教育课程目标不仅应该是总目标的细化和分解,各层级学前教育课程目标之间应该是融会贯通的,呈现螺旋式上升的路径,而非直线型。目标之间相互关联、影响,共同构成一个促进儿童发展的有机体系。

4. 学前教育课程目标的开放程度

由于办园理念和课程目标的不同,有的活动计划目标是具体、详尽的,而有的是粗略、简约的。一般来说,学前教育的课程目标越详尽、具体,留给教师的自主空间也就越小。非常具体和非常粗略的目标都是不合适的。

∞○○【案例分析】

艺术活动目标评价[①]

活动名称:好朋友,手拉手

活动目标:

1.让幼儿尝试运用对称剪纸的方法剪出连续纹样的人物、动物。

2.引导幼儿尝试巩固已剪过的动物、人物,并探索新的镂空方法。

3.让幼儿感受剪纸的美,感受我国的民间工艺以及协作带来的乐趣。

评价:以上目标中包括了动作技能、认知策略和情感三部分的内容。第一条目标是明显的行为目标,明确指出了幼儿在本次艺术活动中应掌握的技能(能运用对称剪纸的方法剪出连续纹样的人物、动物),有利于教师对活动效果进行分析和评价。第二、三条目标陈述比较笼统,具有开放性的特征,有利于幼儿及教师进行创造性的发挥,空间余留很大。在适宜性方面,则通过巩固前面剪过的动物、人物来探索新的镂空方法,这是学习连续性的体现,总体来说这个活动的目标较好地将几种目标取向融合在了一起,弥补了单一目标取向的不足。

---

①教育部教育管理信息中心.全国优秀幼儿艺术教育活动课例评析[M].重庆:西南师范大学出版社,2011:165-169.

二、学前教育课程的内容评价

学前教育课程的内容是实现学前教育课程目标的手段,对于教师和幼儿而言,主要解决的分别是"教什么"和"学什么"的问题。学前教育课程内容与学前教育课程目标相符合的程度与学前教育课程设计者所持有的价值取向和理念能否得以实现有着直接的联系。

(一)学前教育课程内容与目标的一致性

学前教育课程内容应该与学前教育课程目标呈现一致性,在课程编制者的教育观和课程内容取向的影响下,课程内容的选择应该与目标保持一致,这样才能够体现课程目标和课程理念的价值。

(二)学前教育课程内容的适宜性

学前教育课程内容应该符合儿童的需要,与生活紧密相连,因此学前教育课程内容的生活化、经验化就成为衡量学前教育课程内容的适宜性的重要标准。《纲要》和《规程》中指出,幼儿园教育活动的内容应该"既贴近幼儿的生活来选择幼儿感兴趣的事物和问题,又有助于拓展幼儿的经验和视野"。

生活化是学前教育课程的主要特点。这样的课程内容引导幼儿关注生活,从生活中学习。课程的经验化则强调了年龄特点对内容选择的影响。幼儿需要在与世界的互动中体验生活,感知事物的多样性。将学前教育课程内容经验化是使这些学前教育课程内容能够为幼儿所接受的基本条件。

(三)学前教育课程内容的启蒙性

3—6岁儿童的身心发展水平决定了其知识、经验、技能都是浅薄的。学前教育作为人生教育的起点,起着促进儿童发展其体力、智力、社会交往等能力的作用。幼儿园课程的内容不仅应该是浅显的、能被儿童接受的,还应该是有启发性的,能够吸引儿童并使其开展探索行为的。因此,幼儿园课程的内容应该更多地侧重于儿童智力的早期开发,帮助儿童发展兴趣、满足求知欲、培养独立性、建立自信心、获得成就感。若是幼儿园课程内容的难度超越了3—6岁儿童的思维与能力的发展水平,不但不能帮助儿童形成正确的经验,起到幼儿园课程应具有的教育效果,反而使儿童显现出困惑、畏惧、逃避等不愉快的状态。如此,学前教育的启蒙性与奠基性便无从谈起。

三、学前教育课程的实施评价

学前教育课程的实施是实现学前教育课程目标的途径,需要课程的设计者和实施者在目标和理念清晰的条件下,将课程的内容向幼儿进行呈现,让幼儿尽可能地达到课程目标的要求。其主要解决的是"怎么教"和"怎么学"的问题。学前教育课程的实施会受家庭、幼儿园、社区、教师、幼儿等多方面的影响。学前教育课程实施评价大致包括以下内容:

(一)生活活动

幼儿的日常生活活动也是学习的一个重要方面,所以生活活动的实施也是评价的一个重要内容。

第一,在入园与晨间活动中,关注教师能否有序地带领幼儿开始一天的活动,有效地发挥教师的隐性指导作用,保证幼儿以积极愉快的情绪参与到集体生活中来;第二,入厕与盥洗环节中,空间与时间安排是否合理。在保教方面,对幼儿盥洗和入厕的要求是否一致;第三,在进餐与点心环节中时间安排上是否适当。教师在餐前、餐后是否有不同的形式,有没有抓住时机进行用餐方面的相关教育。幼儿进餐的时候情绪是否稳定,能否遵守相关秩序和规定;第四,户外活动是否保证有足够的时间进行,有没有根据季节和地域的特点安排户外活动。内容与形式上,大小型器械和自由游戏是否相结合,大肌肉和小肌肉的活动是否相结合。教师有没有引导幼儿正确使用器械,避免不安全因素,有没有关注全体的同时照顾幼儿的个体差异;第五,午睡与自我整理环节中幼儿衣物的穿脱与摆放是否有规律,有没有按需要增减衣物。空间上是否符合国家颁布的有关条例的要求,保证午睡与自我整理的时间。教师是否以积极的态度对待、引导幼儿,幼儿是否尝试自己穿脱衣物,是否大部分幼儿午睡习惯良好;第六,离园环节中幼儿是否有自主的游戏时间,教师有没有检查幼儿的相应物品并组织引导幼儿游戏,幼儿离园时情绪是否稳定。

(二)教学活动

《纲要》中指出:"幼儿园的教育活动,是教师以多种形式有目的、有计划地引导幼儿生动、活泼、主动活动的教育过程。"它是为促进幼儿身心和谐健康的发展,将教学计划从文本变为实践的具体过程,是学前教育课程实施的主要途径。

教学活动评价应该遵循以下几个原则:是否以幼儿为中心,注重活动的体验性;是否体现了活动主体的主动性,充分发挥教师的积极作用;是否具有灵活性和开放性;是否开发和利用了各种有效的课程资源与环境。

表5-1 教学活动评价表①

评价要点		评价等级		
		A	B	C
目标	目标的年龄适宜性			
	目标的可落实性			
	目标的和谐性			
	目标实际的达成度			
内容	内容的年龄适宜性			
	内容与目标的一致性			
	内容的科学性			
	内容的生活性			
	相关环境材料的适宜性			
	内容的实际完成情况			
教师	教师讲解的适宜性			
	教师教学策略的适宜性			
	教师对幼儿的关注			
	教师评价的适宜性			
幼儿	幼儿的投入程度			
	幼儿的互动机会			
	幼儿面临的挑战			
	幼儿的学习习惯			

(三)游戏活动

幼儿园游戏活动是教育活动的重要组成部分,也是教育活动的组织形式之一,《规程》中指出:"游戏是幼儿的基本活动。"游戏活动是学前教育课程实施的重要途径,幼儿是游戏的主体,幼儿的游戏互动具有自主性、愉悦性、创造性等。

幼儿园游戏评价主要包括对活动中幼儿水平的评价,对环境创设的评价以及对教师指导的评价等。

---

① 虞永平.幼儿园教学活动的评价[J].早期教育,2005(2).

表 5-2　幼儿角色游戏水平评价表

评价项目	评价标准	评价方法	备注
游戏主题的选定	教师指定或听从教师建议； 模仿别人； 独立或与同伴商定，并能较快进入游戏情境中	观察幼儿游戏	记录幼儿的表现，通过典型事例进行描述性说明
情节内容的反映与发展	情节内容简单、零散、片断； 情节内容一般，基本能反映家庭或日常的生活现象； 内容丰富，能较广泛地反映社会现象或重大事件，并能使情节不断发展和延伸	同上	同上
材料的运用	运用实物和模拟玩具游戏； 运用替代物游戏； 运用材料组合或自制替代物，并能用语言、动作替代游戏	同上	同上
角色意识	无角色意识，只能重复角色的个别简单动作和语言； 有角色意识和角色系列动作模仿，但不稳定； 角色意识稳定，行为、态度、语言符合角色的要求	同上	同上
社会性水平	独自游戏、平行游戏、联合游戏、合作游戏	同上	同上
兴趣与参与程度	缺乏兴趣，游戏呈间断性，经常离开主体或情境； 兴趣一般，游戏呈分节型，有时离开，但持续时间较长 兴趣浓厚，游戏呈连续性	同上	同上
常规	不能遵守规则，行为无序或有破坏性行为； 有时能遵守规则，在教师提醒下能收拾整理； 认真遵守游戏规则，爱护玩具并能按类收拾整理	同上	同上

四、学前教育课程的效果评价

学前教育课程实施是一个过程，此过程结束后，我们会评价其实施的结果，即学前教育课程的效果。这个结果大致就是学前教育课程的总体评价。学前教育课程实施过程中，主要参与者有幼儿、教师等，实行效果评价主要关注的就是这几个方面在过程中的发展变化。

（一）幼儿发展评价

《纲要》中明确提出评价是"为了促进每一个幼儿的发展"，能否促进每一个幼儿的发展应该是考察学前教育质量的重要依据。在对幼儿进行评价时大致采用观察法、测验法、问卷法、幼儿成长记录袋、访谈法等。但在幼儿的发展评价中，最主要的评价方法是观察和测验法，幼儿教师应该学会观察、测验幼儿在发

展指标方面具体的行为表现,根据不同的评价项目,结合其他方法和工具来进行辅助评价。下表作为参考:

表5-3　幼儿中班上学期幼儿发展评价表

班级:　　　姓名:　　　　日期:　　　　　　测评人:

	测评标准	评价			备注
		加油	一般	好	
运动技能	1.运动中有力地跟着节奏做操,并能听口令变换队形				
	2.单脚连续跳过间距较小的圆圈				
	3.掌握平衡以及肩上投掷等运动技能				
学习能力	1.能记住简单故事的基本内容,用完整的单句复述简短的故事				
	2.主动思考问题,能运用平时积累的经验主动思考日常生活中遇到的问题				
	3.有良好的阅读习惯,会独立翻阅图书,能理解和讲述图书的主要内容				
	4.用自然的、好听的声音,不同的速度、力度有表情地唱歌,会听辨前奏和词奏				
	5.愿意尝试和使用多种工具和材料,喜欢用折、剪、捏、图形组合等方法进行简单的造型				
自理能力	1.会用肥皂洗手,擦手,会自己穿鞋子,系扣子				
	2.养成良好的独立生活的能力,自己会做的事不依赖成人				
	3.学做值日生,具有一定的责任意识				
卫生习惯	1.会用肥皂洗手,擦手,大小便入厕				
	2.在家里和幼儿园时,将杂物丢入指定的地方				
规则行为	遵守游戏中大部分规则和玩法				
	2.尝试与同伴协商,指定简单的规则并共同遵守				
情绪情感	1.发现问题,喜欢思考,愿意动手尝试				
	2.关心、帮助比自己年龄小的同伴				
	3.将自己的成果和方法与他人分享,发现他人的方法的不同				
合作能力	1.有主动与同伴一起玩游戏的愿望,尝试简单的分工				
	2.有与同伴竞赛的愿望,感受游戏的快乐				
文明礼仪	1.爱惜集体的和他人的物品,了解正确的使用方法				
	2.养成文明的作息习惯,学习控制自己的情绪和不恰当的行为				
	3.会使用常见的礼貌用语,如谢谢、对不起、再见				

（二）教师发展评价

教师是学前教育课程的重要参与者，教师的素质水平是影响学前教育课程效果和幼儿发展的重要方面。只有当教师在教育过程中感到自己在不断变化、充实、发展，他们才可能把教育当作生命价值体现的过程，才会有成就感和幸福感。教师发展评价的方法大致有自我反思、教学活动总结、专项测验、工作方式评估、访谈以及其他参与者的反馈信息等。各幼儿园、各地区都有自己的幼儿教师发展评价量表，下表作为参考：

表5-4　幼儿教师评价表[①]

被评教师姓名：	所在班级： 评定日期：		
评价项目(权重)	要素	评分	小计
思想品德与工作态度(15%)	1.事业心、责任感、积极性		
	2.对幼儿的态度、教育思想		
	3.品德修养		
知识能力(30%)	1.一般文化知识		
	2.幼儿教育理论		
	3.专业知识技能		
	4.语言表达能力		
	5.组织教育能力		
	6.观察了解幼儿的能力		
	7.玩、教具的制作和使用		
	8.自学创新能力		
负荷(10%)	1.出勤情况		
	2.工作量		
工作质量与效果(45%)	1.计划的制订和执行		
	2.作息制度与常规的执行		
	3.环境的创设与利用		
	4.组织开展教育活动		
	5.班组人员间的配合协商		
	6.教育效果		
	7.经验总结及研究成果		
突出特点			

备注：根据实际情况，每项可评3—5分，评出分数后，再进行加权计算。满分为100分。有突出表现可加分。

等级评定：优秀(90—100)，良好(80—89)，及格(60—79)，不及格(60分以下)。

---

① 资料来源：谢秀丽.幼儿园工作管理[M].广东高等教育出版社,2000:265,有删改.

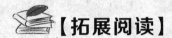
【拓展阅读】

幼儿园课程整体评价标准(价值标准)①

    1.课程是否能促进儿童与伙伴和成人之间的相互作用和学习,并有利于儿童对知识的建构?

    2.课程能否促进儿童在社会性、情感、身体和认知方面的发展,有助于儿童掌握民主社会的价值观?

    3.课程在帮助儿童学习知识和掌握技能的同时,能否使儿童形成对学习的积极态度?

    4.课程对儿童来说是有意义的吗?是否与儿童的生活有关?是否注重与儿童个人经验的联系并强化这种联系?儿童从课程中能否获得直接的经验?

    5.对儿童的期望和要求是否合理?

    6.儿童和老师都对课程感兴趣吗?

    7.课程是否尊重多元文化?课程是否期望、允许和欣赏个别差异的存在?是否有利于形成与家庭的良好关系?

    8.课程是否以儿童现在的知识和能力为基础并有利于促进他们的发展?

    9.课程是否在有意义的背景中,帮助儿童形成对概念的理解?

    10.课程是否注重促进各学科之间的联系和综合?

    11.给儿童介绍的知识按照有关学科标准来看,是否准确、可靠?

    12.儿童有没有必要学习这些知识?在现阶段学习这些知识是否有效?

    13.课程能否促进主动学习并且允许儿童做出有意义的选择?

    14.课程是否能够促进和鼓励儿童探究和提出问题,而不是看重"正确"的回

---

①资料来源:冯晓霞.幼儿园课程[M].北京:北京师范大学出版社,2000:124—125.

答或者完成任务的"正确"的方法？

15.课程是否能够促进较高水平的能力,如思维能力、推理能力、问题解决能力和判断能力的发展？

16.课程是否能够促进和鼓励儿童与成人间的社会性交往？

17.课程是否尊重儿童对活动、感官刺激、新鲜空气、休息、健康和营养/代谢等的生理需要？

18.课程是否有利于儿童形成心理安全感、信任感和归属感？

19.课程是否能够使儿童获得成就感和对学习的兴趣？

20.课程对儿童和教师来说,是否具有灵活性？

【真题解析】

（2014下半年）评估幼儿发展的最佳方式是：(　　　)

A.平时观察　　　　　　　　B.期末测查

C.问卷调查　　　　　　　　D.家长访谈

答案:A

[解析]幼儿通过日常生活活动获得发展,因此日常的观察是评估幼儿发展的最佳方式。

【真题模拟】

简述幼儿园课程评价的原则。

【解析】幼儿园课程评价应有利于发挥教师、园长及课程决策人员改进课程的主动性、积极性。具体表现在:

1.评价应有利于改进与发展课程;2.评价应有利于发挥教师的主动性;3.评价要有利于幼儿的发展。

第**6**章

幼儿园教育活动

　　幼儿经常参与各种形式的教育活动。有全班幼儿在活动室里集体参与的以学科知识为核心的语言活动、科学活动、艺术活动等;也有以某个主题为核心的单元活动,如"认识自己""春天来了""端午节"等;还有设置在活动室角落里的手工类、益智类和阅读等可供幼儿自由选择的活动。在丰富多彩的教育活动中,什么是学科(领域)活动、单元主题活动和区域活动?如何设计各种类型的教育活动?如何对各种活动进行评价?

【学习目标】

1. 知识目标：了解幼儿园学科活动、单元主题活动及区域活动的内涵。

2. 技能目标：掌握各种教育活动设计的流程及方法，能够对各种教育活动进行有效评价。

【学习重点】

掌握各种教育活动设计的流程及方法。

【知识结构图】

幼儿园教育活动
- 幼儿园学科（领域）活动
  - 幼儿园学科（领域）活动的内涵及特点
  - 幼儿园学科（领域）活动的设计
  - 幼儿园学科（领域）活动的评价
- 幼儿园单元主题活动
  - 幼儿园单元主题活动的内涵
  - 幼儿园单元主题活动的设计
  - 幼儿园单元主题活动的评价
- 幼儿园区角活动
  - 幼儿园区角活动的内涵
  - 幼儿园区角活动的设计

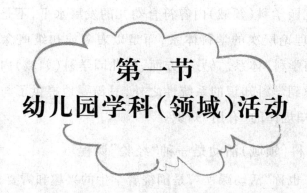

第一节
幼儿园学科(领域)活动

一、幼儿园学科(领域)活动的内涵及特点

(一)幼儿园学科(领域)活动的内涵

学科活动,即学科课程,是以科学知识为中心设计的课程,即把有价值的知识系统化,形成一定的科目或学科。[①]幼儿园学科(领域)课程就是将学前教育课程分为若干学科(领域),以学科或领域为单位组织和实施教育的课程。[②]幼儿园学科(领域)课程通常分为语言、科学、社会、健康、艺术等几个科目(领域)。

(二)幼儿园学科(领域)活动的特点

对比中小学等其他各级各类学科课程,幼儿园学科(领域)课程具有自身的特点,主要体现在以下几个方面:

1. 幼儿园学科(领域)活动是一种广域课程或综合课程

中小学学科内容广泛,包含语文、数学、英语、音乐、美术、生物、物理、化学等科目,基本以学科为中心来设计课程。幼儿园的学科(领域)活动虽然也是以学科为中心来组织课程,但学科知识的分类并不精细、严密,而是把跟该学科相关的知识囊括进一个相对较大的"领域"之内。如幼儿园"艺术"领域包括了音乐、美术等学科内容,"科学"领域包括了生物、物理、化学等学科内容。幼儿园学科(领域)活动按照知识之间的内在逻辑联系进行组织,构成了幼儿学习的内容。

---

① 陈文华.幼儿园课程论[M].北京:科学出版社,2011:176.
② 朱家雄.幼儿园课程论[M].北京:中央广播电视大学出版社,2011:114.

2. 幼儿园学科（领域）活动是一种"前学科"课程

一方面，幼儿园学科（领域）内容符合幼儿的发展水平，不是以科学概念为核心而组织起来的理论层次的学科体系，而是以表象或初级概念为核心组织起来的经验层次的"前学科"体系。[①]另一方面，幼儿园学科（领域）内容的逻辑体系比较松散，除了考虑到学科知识的系统性之外，只简要地提供了与幼儿生活密切相关并符合幼儿认知规律的"有用"知识。

3. 幼儿园学科（领域）活动是一种"经验"课程

"经验课程"，也称"活动课程"，是围绕着学生的兴趣和需要，以活动为组织方式，根据心理逻辑而编排的课程，即以学生主体性活动的经验为中心组织的课程。幼儿园学科（领域）活动围绕幼儿的兴趣和需要，以活动的方式组织课程，重视与生活的联系，重视幼儿的直接经验，是一种"经验"课程。如在活动中，教师通过大量直观形象的"实例"，用符合幼儿直接经验的方式来对科学概念进行讲解。

二、幼儿园学科（领域）活动的设计

（一）幼儿园学科（领域）活动设计的原则

1. 符合幼儿的最近发展区

在学科（领域）课程中，教师所设计的活动应符合幼儿的发展水平，活动内容应在维果茨基所提出的"最近发展区"之内。但学科（领域）的逻辑结构和幼儿的发展水平往往不在同一水平，因此教师在设计学科（领域）活动时，应在兼顾学科（领域）知识逻辑性的基础上，使活动符合幼儿的身心发展水平。例如"浮力"在科学领域中是一个关键概念，可通过设计"浮浮沉沉"小实验，引导幼儿将不同的材料投放到水中，观察物体在水中浮沉的现象，从而初步感知"浮力"这一科学概念。

2. 符合幼儿的发展规律

学科（领域）知识本身有其内在的逻辑顺序，幼儿的身心发展也遵循一定的规律，这两者并非是平行的。因此教师在设计活动时应在充分遵循学科（领域）知识逻辑顺序的基础上尽可能地与幼儿的发展规律相接近。如在"认识几何形体"活动中，小班幼儿认识圆形、三角形和正方形，中班幼儿认识长方形、椭圆形

---

① 冯晓霞. 幼儿园课程[M]. 北京:北京师范大学出版社,2000:238.

和梯形,大班幼儿认识球体、正方体、长方体和圆柱体,这种活动顺序既符合学科(领域)知识由易到难的逻辑顺序,也符合幼儿认识由浅入深的规律。

3. 符合幼儿的兴趣需要

在学科(领域)课程中,学科(领域)的知识内容和关键经验基本是固定的。但在遵循学科(领域)知识的系统性的基础上,应尽可能满足幼儿当下的兴趣和需要。教师在设计活动时,不仅要考虑到大多数幼儿的兴趣需要,也要照顾个别儿童的发展需要。如在体育活动"跳轮胎"中,首先由教师示范从三个重叠的轮胎上跳下来,在幼儿自由跳环节,教师可设置重叠两个、三个、四个轮胎,让幼儿自己选择从合适的高度跳下。

(二)幼儿园学科(领域)活动的目标

1. 语言

(1)乐意与人交谈,讲话礼貌;

(2)注意倾听对方讲话,能理解日常用语;

(3)能清楚地说出自己想说的事;

(4)喜欢听故事、看图书;

(5)能听懂和会说普通话。

2. 科学

(1)对周围的事物、现象感兴趣,有好奇心和求知欲;

(2)能运用各种感官,动手动脑,探究问题;

(3)能用适当的方式表达、交流探索的过程和结果;

(4)能从生活和游戏中感受事物的数量关系并体验到数学的重要和有趣;

(5)爱护动植物,关心周围环境,亲近大自然,珍惜自然资源,有初步的环保意识。

3. 健康

(1)身体健康,在集体生活中情绪安定、愉快;

(2)生活、卫生习惯良好,有基本的生活自理能力;

(3)知道必要的安全保健常识,学习保护自己;

(4)喜欢参加体育活动,动作协调、灵活。

4. 社会

（1）能主动地参与各项活动，有自信心；

（2）乐意与人交往，学习互助、合作和分享，有同情心；

（3）理解并遵守日常生活中基本的社会行为规则；

（4）能努力做好力所能及的事，不怕困难，有初步的责任感；

（5）爱父母长辈、老师和同伴，爱集体、爱家乡、爱祖国。

5. 艺术

（1）能初步感受并喜爱环境、生活和艺术中的美；

（2）喜欢参加艺术活动，并能大胆地表现自己的情感和体验；

（3）能用自己喜欢的方式进行艺术表现活动。

（三）幼儿园学科（领域）活动的内容

1. 语言

（1）谈话活动：幼儿围绕熟悉的人或事进行谈话；幼儿围绕熟悉场景发表个人观点与看法。

（2）讲述活动：讲述某一实物的外形、特征和功能；讲述图片或影片中的人物和事件；讲述某一情境中发生的事件。

（3）文学作品欣赏活动：欣赏文学作品；仿编文学作品；表演文学作品。

（4）早期阅读：前图书阅读；前识字；前书写。

2. 科学

（1）探究身边有生命物质、无生命物质及其环境与人们生活的关系。

（2）探究身边的自然科学现象。

（3）建构初步的数概念，学习用简单的数学方法解决日常生活中的问题。

（4）感受现代科技对人们生活的影响。

3. 健康

（1）体育：基本动作练习；基本体操练习；运动器械练习。

（2）身体保护和生活自理能力教育：认识、保护和锻炼身体器官；培养进餐、睡眠、盥洗等环节的生活自理能力；培养健康行为和良好的生活卫生习惯。

（3）安全教育：消防安全教育、交通安全教育、用电安全教育、玩具安全教育、生活安全教育等。

（4）饮食与营养卫生教育：初步认识食物；了解营养学基础知识；建立良好的饮食习惯；养成文明的饮食礼仪等。

（5）心理健康教育：培养幼儿积极的情绪情感，使幼儿学会表达和调节自身情绪；增强幼儿的自我意识，发展自尊心、自信心、自控力；性教育；预防幼儿心理障碍和行为异常。

4. 社会

（1）自我意识：知道自己的名字、性别、特点等基本情况；认识并适当表达自己的情绪；有自信心、成就感和自我控制力等。

（2）人际交往：与成人交往；与同伴交往。

（3）社会环境与行为规范：认识家庭；认识幼儿园；认识社区；认识家乡；认识祖国。

（4）社会文化：了解我国传统节日、风景名胜、民族风情、民间艺术等。

5. 艺术

（1）美术教育：绘画（认识并能使用各种绘画工具和材料；学习用线条、色彩、构图来表达对生活的感受和想象；学习正确的绘画方法，养成良好的绘画习惯）；手工（学习手工工具和材料的使用方法；学习手工的基本技法；能制作不同形式的手工作品）；美术欣赏（欣赏和评价各种美术作品中所表现的美；用多种方式表达自己的审美感受）。

（2）音乐教育：歌唱活动；韵律活动；打击乐演奏活动；音乐欣赏活动。

（四）幼儿园学科（领域）活动设计的两种倾向

1. 以教师计划为主的学科（领域）教育活动

以教师计划为主的学科（领域）教育活动以课程或教师计划的活动为教育活动的主体，内容主要根据学科（领域）的性质由专家或教师预定，选择和组织学科内容的主要依据是学科（领域）本身的逻辑顺序，其评价标准是预定的目标是否达成。[1]教师可根据自己对知识的理解和把握，通过系统化的教学，将知识和技能传授给幼儿。教育活动基本按照预先设计的方案开展，在实施过程中可根据

---

① 朱家雄.幼儿园课程论[M].北京:中央广播电视大学出版社,2011:119.

幼儿的实际情况进行小范围的调整。例如穿衣、洗手、折衣服等生活技能,幼儿可通过日常生活中的观察或由父母告知而习得。教师也可设计结构化的活动将这些知识技能直接传授给幼儿。

2. 教师与儿童共同计划的学科(领域)活动

这类活动虽以课程专家或教师预定的计划为主,但计划制订时较多地依据了儿童的兴趣和需要。[①]教师与儿童共同计划的学科(领域)活动的活动目标具有一定的生成性,活动内容符合幼儿的兴趣需要,活动形式通常以小组活动的形式开展。在以学科(领域)知识学习为基本出发点的基础上,教师可根据幼儿的实际情况对活动进行灵活调整。

三、幼儿园学科(领域)活动的评价

(一)幼儿园学科(领域)活动评价的概念

幼儿园学科(领域)活动评价是以幼儿园学科(领域)活动为对象,通过收集活动相关方面的信息,依据一定的客观标准并采取科学的评价方法对幼儿园学科(领域)活动中的各个要素进行测定并加以分析,最终做出价值判断的过程。与其他类型的教育活动相比,幼儿园学科(领域)活动评价更多地关注教育活动设计者和实施者"有意义教学"的部分。

(二)幼儿园学科(领域)活动评价的内容

1. 对教师"教"的评价

(1)对活动目标的评价

活动目标评价主要包括以下几方面内容:①统一性,是否从同一个角度出发表述目标;②整合性,目标是否整合了认知、技能和情感三方面的内容;③针对性,目标是否符合幼儿年龄特点和班级的实际水平;④可操作性,目标是否具体明确,具有可操作性和可测评性。

(2)对活动内容的评价

活动内容评价主要包括以下几方面内容:①适宜性、有效性,活动内容是否符合幼儿年龄特点、兴趣需要、认知水平和生活经验;②针对性、挑战性,内容是

---

① 朱家雄.幼儿园课程论[M].北京:中央广播电视大学出版社,2011:120.

否符合幼儿的"关键经验",是否在"最近发展区"之内;③多元性、整合性,内容是否整合了幼儿的认知经验、生活经验和情感经验;④自然性、开放性,内容是否回归生活、回归自然。

（3）对活动方法的评价

活动方法评价主要包括以下几方面内容:①适宜性,活动方式是否符合幼儿的年龄特点、兴趣需要、认知水平和生活经验;②有效性,活动方式能否有效促进活动的顺利开展和幼儿的身心发展。

（4）对活动环境材料的评价

活动环境材料评价主要包括以下几方面内容:①相宜性、启发性,活动材料是否符合活动的目标和内容,呈现方式是否与幼儿的年龄特点相适应;②多样性、开放性,活动材料是否丰富多样,是否包含实物、图片、音像资料等多种材料形式。

2. 对幼儿"学"的评价

（1）对幼儿活动参与度的评价

幼儿活动参与度的评价内容为:幼儿在活动中注意力的集中程度;幼儿在活动中的积极性、自主性和能动性等。

（2）对幼儿情感态度的评价

幼儿情感态度评价的内容主要为幼儿在活动中的学习态度、情绪情感、语言、动作等。

（3）对幼儿学习方式的评价

幼儿学习方式的评价内容主要为幼儿在活动中所采用的学习方式和策略。

（4）对幼儿互动程度的评价

幼儿互动程度的评价内容主要为幼儿在活动中与他人合作交流互动的次数、形式及有效性等。

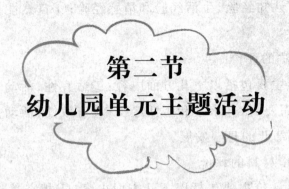

第二节
幼儿园单元主题活动

一、幼儿园单元主题活动的内涵

单元主题活动自20世纪90年代中后期以来被广泛应用,主要是指在或长或短的一段时间内,以某一事先选择的主题为中心组织教育活动。这一活动首先就体现了一定的理论价值,即活动是建立在幼儿生活的"小世界"之上,而不是以抽象的学科知识为本位。这就可以看出,主题活动的教学内容既可以是以某一学科知识为线索,渗透其他学科知识的知识体系,又可以是以幼儿兴趣为出发点的有益的系列活动内容。

幼儿园单元主题活动是一种整合性的活动,具有开放性、综合性、整体性的特点,往往一个主题的内容可以涉及生活、科学、数学、音乐、美术、语言、运动、游戏等多个方面,是一个有机的网络化的结构。它是以主题的形式统领各领域的教育内容,有明确的目标指向和发展进程,要求教师选择和整合相关的教育内容,关注儿童的生活和经验,以活动为载体,以环境为依托,以游戏为手段,充分利用周边资源,预设和生成相结合,引导幼儿围绕主题的核心内容,亲历过程、整体感知、体验、表现表达,促进认知、情感多方面的发展。

我们也可以说主题活动将各领域内容有机地联系在一起,事先计划一系列的活动,然后一个接一个地完成,它的开展可能受主题自身特点、领域目标与内容、可利用的教育资源、幼儿特点等因素的影响。因此我们在开展幼儿园主题活动时,需将各种学习内容、各种影响因素有机联系起来,而不应该机械地拼对、组合。

二、幼儿园单元主题活动的设计

现行的幼儿园单元主题活动既不是以前的单元主题教学,也不是项目教学或生成课程。其一方面既保留了原有单元教学活动的特点,另一方面也吸收了项目教学的特点。

现行的幼儿园主题活动一方面要学习项目教学追随幼儿兴趣需要而形成的动态设计特点,同时也要适当保留原有单元教学活动的计划性。这就意味着活动中具有更大的不确定性和随机性,所以在进行单元主题活动前要作好充分的准备,才能够与幼儿的学习特点吻合。这一点对年轻教师而言尤其重要。那么,如何做好单元主题活动的设计呢?

(一)主题的选择

在主题教学活动中,"主题"处于中心位置,起着关键性的作用,因而选择合适的主题是开展主题教学活动的首要步骤。在选择主题之前,幼儿教师首先应该自问:"就发展上来看这一主题是否合适?儿童能否了解其中的概念并发展出必要的技巧?它能否帮助儿童从生活经验中获得意义?其中心概念是否值得学习?"[1]在主题的来源方面,主要可以从以下几个方面考虑:

1. 幼儿

从幼儿身上着手是确定主题的一个重要途径,主要包括幼儿生活中的重要层面——"他们的家庭、所生活社区的文化或环境",例如幼儿的民族、文化背景等;幼儿特别感兴趣的事物,如幼儿间的热点话题、矛盾争执等;幼儿日常的经验以及幼儿的需要等。幼儿生理方面:身体的特征与功能;身体的发展与变化;身体的健康与安全保护等。与之相应的主题如:"我的器官用处大""我在长大""我生病了""我是自己的保护神""小小营养师""小小运动员"等。幼儿心理方面:自己的兴趣、爱好、能力、情绪等。也可以和其他小朋友做些友好的比较。相应的可产生的主题有:"我的本领""我高兴、我不高兴""我的宠物""我、你、他"等。教师要在平时的教育过程中对这些因素多加留意和观察,以确定可能的主题。

2. 幼儿教师

幼儿教师本身具有极大的教育智慧,要善于从自身的特长、专业知识以及个人能力等方面来确定主题。例如可以利用怀孕幼儿园老师这一现成资源,进行

---

① [美]Stephanie Feeney 等. 学前教育[M]. 黄慧珍译. 台北:桂冠图书股份有限公司,1992:359.

以"妈妈和宝宝的交流"为主题的活动。

3. 幼儿家长

家长在主题的开发过程中也扮演着重要的角色,拥有不同的知识文化、职业背景、个性优势的家长会为主题的选择提供各种信息来源,教师要"采取丰富多样的方式和途径挖掘家长资源,使幼儿学习的时间、空间、材料、背景得以大幅度的拓展"①。

4. 幼儿园内以及附近的教育资源

幼儿在日常的生活学习中直接接触的环境为幼儿园内的环境,幼儿园的设施设备、花草树木、人文景观、各班的主题墙饰等都是主题的来源。另外,对园所附近地区进行走访也可获得有意义的主题。例如银行街学院儿童学校的做法,"当幼儿去参观人工海浪池时,老师会先和儿童讨论他们将看、将做的事情","在参观过程中,老师相当留意儿童的兴趣和问题,回到教室之后,他们可能会花上几天、几个礼拜对这次参观和孩子们的问题进行追踪活动"。②

5. 现有的学科知识

在主题活动中,学科知识并不是可有可无的,相反,现有的学科知识可以在幼儿解决问题的过程中更好地帮助他们理解与领会知识的价值。"没有各种学科科目作为基础,早期儿童的综合性课程很快会蜕变为快乐而无意义的活动或琐碎的东西。"③因此,在选择合理的主题过程中,也应当考虑哪些学科知识是幼儿需要学习的。

(二)主题网的编制

确定了合理的主题之后,接下来就是主题网的制作。主题网的制作主要包含以下几步:

(1)"脑力激荡":这一过程可以由一个人或几个人进行,幼儿教师要尽量发挥自己的想象力和创造力。参与者随意将脑中和主题选择有关的见解提出来,在整个"脑力激荡"过程中,无论提出的见解多么可笑,其他人都不得批评和打断,以保证能产生新的观点和意见。

(2)归类:将"脑力激荡"中产生的观点和意见进行分类整理,以了解不同主

---

① 庄春梅.主题活动课程资源开发的实践路径和策略[J].学前教育研究,2009(2).
② [美]Stephanie Feeney 等.学前教育[M].黄慧珍译.台北:桂冠图书股份有限公司,1992:360.
③ 王春艳.幼儿园课程概论[M].北京:高等教育出版社,2007:171.

题类别的性质。

（3）命名：给已经归类的主题选择恰当的短语和句子进行命名。

（4）交流：这是对于由几个人参与的主题网的制作来说的，是指几个参与者之间的交流和分享。如果参与者只有一个人的话，这一步就可以省去。

（5）连网：将已经命名的主题按类别和相关性连接成网状图，使每个主题及其所涉及的活动跟内容更直观和丰富地表现出来。如图6-1主题活动"头发"主题网和图6-2主题活动"动物"主题网。

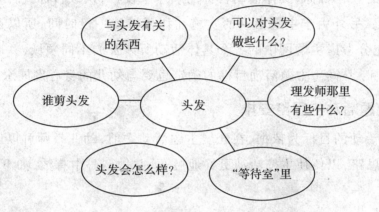

图6-1　主题活动"头发"主题网

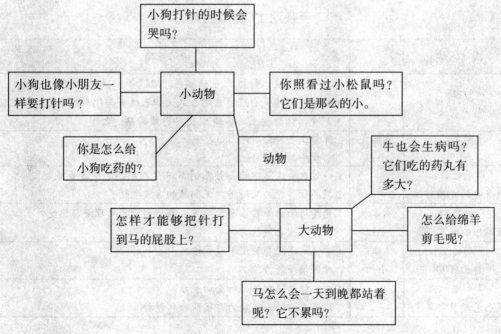

图6-2　主题活动"动物"主题网

（三）主题活动目标的确定

虽然主题活动是围绕一个个主题进行的，但也绝不是漫无目的的，必须要有明确的教育目的和教育意识。教育的目标有不同的分类标准和方法，如《幼儿园教育指导纲要（试行）》的"健康、社会、科学、语言和艺术"五类，另外还有按德、智、体、美等类别划分的。

在确定主题活动的目标时，要按照幼儿园课程总目标、各教学阶段的目标、主题中蕴含的教育目标、具体活动目标的顺序来设计，次级目标要符合上一级的目标的要求。另外由于主题活动的实施往往要持续一段时间，所以目标的制订要全面，要充分考虑主题网中的各个具体活动所涉及的不同领域，并确定各自领域的教育目标。当然，主题活动目标的确定也要与幼儿的身心发展水平相适应。

（四）主题活动的思路安排

以主题活动的目标为依据，在开展主题活动之前，幼儿教师可以运用表格的形式来梳理思路，以便使主题活动更好地展开，并做到心中有数，如下面的例子。

◯◯◯【案例分析】

"亲亲泥土"主题活动①

活动名称	活动方式	活动目标
活动之一：野外挖土	集体或小组	1.能初步感受土的特性，包括颜色、味道、粗细、松软等 2.能够用语言等自己喜欢的方式大胆表达并与他人分享自己的发现 3.感受与体验挖土的乐趣，激发对自然的热爱之情
活动之二：和泥	集体或小组	1.探索土怎样变成泥 2.初步感知泥的特性
活动之三：我身边的泥质作品	集体	1.通过收集生活中的各种泥制品，感受泥制品的丰富多样 2.提高欣赏能力及增进对泥制品的喜爱之情
活动之四：我眼中的陶艺世界	集体或小组	1.愿意用绘画等自己喜欢的方式表达对陶艺的理解与感受 2.增进自我表达能力
活动之五：自由泥塑	集体或小组	1.尝试运用泥塑的简单技能进行自由创作 2.增强动手能力
活动之六：泥巴总动员之展览	集体	1.对创作的泥制品进行全面展示 2.培养良好的沟通能力与团队合作精神

---

① 王春艳.幼儿园课程概论[M].北京:高等教育出版社,2007:174-175.

(五)确定具体的主题活动方案

完整的主题活动方案应当包括活动目标、活动准备、活动过程等,幼儿教师在设计主题活动方案时,要设计一些能让幼儿运用自己喜欢的方式大胆地表现自己的情感与体验的游戏活动,例如"超级大眼镜活动"。

【案例分析】

超级大眼镜活动

◇ **活动目标**

1.会用剪贴的技能进行手工制作活动,体验造型夸张的趣味。

2.能大胆发挥想象,并表达自己的奇思妙想。

◇ **活动准备**

材料准备:神秘岛上大小颠倒的课件、背景音乐,每名幼儿硬卡纸一张、纸盘两个、剪刀一把、白板笔一支,夸张的超级大眼镜若干、制作流程图、水粉颜料若干,等等。

◇ **活动过程**

(1)情境导入,激发幼儿的活动兴趣。欣赏课件,引导幼儿感受神秘小岛上大小颠倒的有趣现象。

(利用《地心历险记》神秘岛上有趣的大小颠倒现象作为情境引入,引起幼儿的共鸣,激发幼儿的活动兴趣,也为夸张的大眼镜制作做好铺垫。)

(2)感受超级大眼镜的造型美,引发幼儿的创作欲望。

(让幼儿从造型、色彩、线条等方面欣赏眼镜,有效调动幼儿的已有经验,为后续活动提供支持。)

(3)结合制作流程,引导幼儿自主学习眼镜的制作方法。

(本环节中,教师给幼儿呈现制作流程,并重点讲解制作流程中幼儿有困难的部分。)

(4)幼儿创作,教师巡回指导。

（教师要鼓励幼儿大胆想象、创作，大胆运用各种颜色、线条装饰眼镜。）

（5）幼儿展示并相互欣赏作品。播放音乐，让幼儿戴着自制的超级大眼镜随音乐自由舞蹈。

活动结束。

三、幼儿园单元主题活动的评价

《幼儿园教育指导纲要（试行）》中指出：评价的过程是教师引用专业知识审视教育实践，发现、分析、研究、解决问题的过程，也是教师自我成长的重要途径。《幼儿园教师专业标准（试行）》中对幼儿教师的评价能力提出了明确的要求：有效运用观察、谈话、家园联系、作品分析等多种方法，客观、全面地了解和评价幼儿；有效运用评价结果，指导下一步教育活动的开展。由此可见，幼儿园教师必须具备幼儿园教育活动的评价能力。

（一）单元主题活动评价的意义

1. 深入了解幼儿的行为，有针对性地促进幼儿建构新的经验

教师既要促进幼儿在原有的水平上得到经验的提升，又不能操之过急，包办代替。那么应该如何把握呢？最主要的方法就是评价幼儿目前的发展水平。教师通过评价幼儿在不同问题情境中的行为表现，记录幼儿的具体反应，可以判断幼儿的认知发展水平和心智发展水平，寻找适当的教育契机，从而为促进幼儿建构新的经验提供依据。

2. 深入了解教师的教育行为，促进教师的专业化成长

通过对主题教育活动的评价，教师可以及时发现教育活动中存在的问题，并针对这些问题，调整教学计划，同时以此为依据制订下一步的教学目标，创设教育环境，选择教育内容。

（二）单元主题活动评价的内容

主题教育活动是一个双主体的活动，即教师是教的主体，幼儿是学的主体。主题教育活动的评价内容由活动的主体和活动本身构成。

1. 幼儿

（1）幼儿的认知发展水平和社会发展水平：幼儿的语言发展水平怎样，是否

具有良好的倾听和表达能力;幼儿在活动中的人际交往和社会适应能力怎么样;等等。

（2）幼儿的兴趣与态度:幼儿是否对活动感兴趣,幼儿在活动的过程中是否有愉悦的体验,等等。

2. 教师

（1）教师的指导:是否有利于幼儿主动、有效地学习。

（2）评价的目的:是否为了了解幼儿的发展需要。

（3）评价的标准:是否承认和关注幼儿的个体差异,是否用同一的标准评价不同的幼儿。

3. 主题活动

（1）活动的主题:幼儿活动的主题是什么,活动的主题是教师安排的还是幼儿自主选择的,活动的主题是否和幼儿已有的生活经验相联系,等等。

（2）活动的目标和内容:是否适合该年龄段幼儿的身心发展水平和规律,是否有利于幼儿接受和幼儿的发展。

（3）教育过程:能否为幼儿提供有益的学习经验,并符合其发展需要。

（4）活动的材料:活动材料在数量和种类方面能否满足幼儿发展的需要;活动材料的投放是否具有层次性,满足不同幼儿的发展需求;幼儿在活动过程中是否有争抢玩具的现象;等等。

（5）活动的时间:活动持续的时间是多少,是否符合幼儿身心发展规律;是否满足幼儿的需要。

（6）活动的场地与空间的安排:活动的场地安排是否合理,区域与区域之间是否有明显的通道,有没有过于拥挤或者浪费的地方,等等。

（三）单元主题活动评价的方法

1. 观察法

观察法是指在自然条件下,有目的、有计划地对观察对象的行为表现进行考察、记录、分析的一种方法。"通过观察,了解幼儿的表现,并基于这些表现真正了解幼儿的发展水平,它应该使所有的参与者——教师、幼儿和家长受益,因为它详细、客观、积极地概括了幼儿各个方面的发展。"

2. 谈话法

谈话法主要是通过与幼儿当面交谈来获取信息的方法。谈话一般具有一定的目的性,比如,我们看到了幼儿的某些情况,预计可能还有其他的情况要发生,或者想了解幼儿出现某种情况背后的原因等。运用谈话法对幼儿进行评价,需要教师根据自己想了解的问题事先设计好谈话主题,然后尽量在自然的环境下根据事先设计好的问题与幼儿进行交谈,根据谈话中的关键信息对幼儿的某个方面作出评价。

3. 作品分析法

幼儿的图画、手工、书面文字等作品不仅是幼儿行为的结果,也是幼儿认知能力和创作能力的真实反映,通过对这些作品以及作品创作过程的解读,我们可以从中了解幼儿的发展水平。

第三节
幼儿园区角活动

一、幼儿园区角活动的内涵

（一）概念

幼儿园区角活动是教师利用游戏特征创设环境,让幼儿以个别或小组的方式,自主选择、操作、探索、学习,从而在和环境的相互作用中,积累、修正和表达自己的经验与感受,在获得游戏般体验的同时,获得身体、情感、认知及社会性等各方面发展的一种教育组织形式。[①]

对幼儿而言,它是一种开放的、低结构的活动,幼儿可以自己的兴趣、需要、意志为导向自主活动,活动的内容、时间、节奏、顺序以及活动的伙伴、规则等都可由幼儿自己决定或与同伴商量、协调,在摆弄与操作、探索与发现、交流与询问等过程中实现和生成活动。

对教师而言,它是基于对幼儿兴趣与需要的了解而组织的具有一定教育价值的活动。教师将自己的主导作用通过环境创设、材料投放、活动内容与形式的建议、伙伴间的影响来加以渗透。与过去那种"罐头式"的计划活动不同,区角活动要求教师时刻"追随幼儿",通过观察幼儿活动的过程,了解活动结果,调整活动方案,使内容和材料更好地定位在幼儿的"最近发展区"上,进而更有效地去推动幼儿的自主学习和经验提升。[②]

---

① 黄瑾.幼儿园教育活动设计与指导[M].上海:华东师范大学出版社,2007:201.
② 黄瑾.幼儿园教育活动设计与指导[M].上海:华东师范大学出版社,2007:201.

(二)幼儿园区角活动的特点

1. 自由性

区角活动多为幼儿的自选活动,每个幼儿都可以根据自己的兴趣、需要选择活动。这样就为幼儿提供了更多的按照自己的兴趣和能力进行活动的机会,满足了幼儿的个别化的需要。

2. 自主性

区角活动是幼儿的自主性活动,幼儿可以按照自身发展水平自主选择活动内容和活动伙伴。幼儿可以在没有压力的环境中生动、活泼、主动、愉快地学习。

3. 指导的间接性

活动区的教育价值主要附着在区内的操作材料、情境及相应的活动中。幼儿可以通过直接参与各种活动而获得多种直接经验。因此,教师对幼儿区角活动的指导大多数以间接指导为主。

(三)幼儿园活动区角的基本类型

幼儿园区角活动的分类一般没有统一的模式,目前幼儿园常见的活动区角主要包括角色游戏区、建构区、沙水区、图书区、美工区、科学区等。

1. 角色游戏区

角色游戏即皮亚杰所说的象征性游戏,又被称为想象性游戏、模仿游戏、假扮游戏、社会性游戏。这是学前儿童典型的游戏形式,在整个学前期占的时间最长,大约从2岁开始,直至入小学,其高峰期在3—5岁。这是一种通过使用替代

图6-1　角色游戏区

物并扮演角色,以模仿和想象创造性地反映周围生活的游戏。[①]角色游戏区的有效创设对幼儿的发展具有非常重要的作用。

2. 建构区

建构类游戏是儿童利用建构材料和建筑材料进行构造活动的一种游戏。幼儿园常用的建构类游戏材料有积木、积塑、沙、土以及泡沫塑料、橡胶等做成的建构材料。建构类游戏是儿童自己动手操作的游戏,具有实践性和操作性的特点,能满足儿童动手的愿望。它是儿童通过自己的想象,在动手操作的过程中反映他们对周围事物的印象,实现自己的构思,创造性地反映现实生活的游戏。[②]

图 6-2　建构区

3. 沙水区

严格意义上讲,沙和水同样属于建构材料,沙水区也是幼儿园建构区的重要组成部分。但是,沙和水作为独特的建构材料,在进行建构活动时,有其不同于其他建构材料的特点。所以,一般情况下幼儿园在进行活动区角创设的时候,会将沙水区单独创设。

---

① 黄人颂.学前教育学[M].北京:人民教育出版社,2009:218.
② 黄人颂.学前教育学[M].北京:人民教育出版社,2009:218.

图 6-3 沙水区

4. 图书区

图书区是设置在幼儿园活动室内,以图书为主要资源,由相应的桌椅以及其他辅助材料组成相对独立的空间,供幼儿自主阅读图书,以发展其语言能力的专门区域。图书区是开展幼儿园阅读活动的载体,是活动区角不可或缺的组成部分。

图 6-4 图书区

5. 美工区

幼儿生理和心理发展特点,形成了幼儿美术活动的特殊方式。他们不会完全按眼睛所看到的形状、色彩、结构去表现物象,而是用心灵去知觉,按自己独特的理解去表现物象。其作品既是自身欲望的表现,又是对客观世界的反映;既是感知力、智力的体现,又是情感、态度的表达;既有模仿,也有创作。而他们的绘画与制作过程,则既是游戏,又是学习。鉴于幼儿美术活动的这种特征,教师应把美工区创设成为一个让幼儿感受美、表现美的小天地。为他们的游戏、学习与创作提供适当的环境和条件，营造良好的艺术氛围，使幼儿自由地观察、欣赏各种不同的艺术品，任意选用不同的工具和材料，与同伴友好地合作，有条理地进行各种美术活动，创造性地表达自己的情感与认识，从而塑造自身的审美能力。[①]

图 6-5　美工区

6. 科学区

幼儿科学区角活动是指为幼儿创设宽松的科学活动环境和提供丰富的科学活动材料，并赋予幼儿充分的自主选择权，让幼儿按自己的兴趣、需要、方式去学习科学的一种活动模式。科学区角活动是幼儿园科学教育的一种重要形式，是集体科学教学活动的有益补充。幼儿可以在科学区域中自由地选择和探究材料，增长科学知识。幼儿园科学教育活动区的设置简单方便，没有严格的标准，可根据幼儿园的实际情况设定，区域可大可小，内容可简可繁，但必须最大限度地发挥其教育功能。在为幼儿选择科学教育活动区的内容时要与科学教育活动的总体计划保持一致，并注意与其他幼儿教育活动密切配合，要考虑到幼儿的年龄特点，因此，教师在进行科学区角布置时应遵循以下几个方面：空间利用的实效性、材料投放的多样性、材料内容的层次性、材料操作的针对性。[②]

---

① 姚孔嘉．美工区的创设与指导[J]．教育导刊，1998(S4)．
② 朱胜培．浅谈幼儿科学区域环境的设置要素[EB/OL]．http://www.xzbu.com/9/view-6805781.htm,2018-01-05．

图 6-6　科学区

二、幼儿园区角活动的设计

（一）幼儿园区角活动设置

区角活动设置的基本要求：

1. 根据幼儿年龄特点设置活动区角

创设活动区应遵循幼儿身心发展规律、游戏的不同水平及实际需要。小、中、大班区角活动的设置各不相同。

2. 根据游戏的教育功能与特点设置游戏区

教师要在认真分析各类游戏教育功能与特点的基础上，结合各年龄段幼儿的实际水平及兴趣需求，创设丰富适宜的、开放的区角环境，以促进幼儿的全面发展。

3. 与日常教学活动有机结合

无论是在什么游戏活动中，孩子们之间都存在着明显的个体差异，教师可以借助自由、开放的区角活动促进每位幼儿综合素质的提高。教师应将日常未完成的教学内容、幼儿感兴趣的教学活动以区角活动的形式继续进行,以满足幼儿的活动欲望,巩固掌握相关的知识经验。

4. 区角安排应"自然流畅、立体"

(1)在视线上不造成混乱,同时便于教师观察。

(2)区角之间留出通道、空间,既便于走动,又避免拥挤。

(3)分隔可以直接利用储物柜、桌子、椅子等的不同造型和走向,利用泡沫地板、地毯等不同材质。

(二)幼儿园区角活动材料的投放

材料是促进幼儿学习、引导幼儿互动、激发幼儿行为、延续幼儿兴趣的重要媒介。教师在各区角投放材料时,应注意以下几个问题:

1. 材料投放要考虑幼儿的年龄特点,体现趣味性

幼儿的发展存在差异,各个年龄段幼儿的发展状况、发展层次、发展速度、兴趣需要也有所不同。因此,教师应针对本班幼儿的实际年龄特点,根据幼儿的需要来投放材料,注重发挥幼儿的主体作用。如小班幼儿多以自我为中心,以具体形象思维为主,注意力不容易集中,所以提供的材料要形象、具体、直观,暗示性、游戏性要强。"给小动物喂饼干"就是寓数的概念于游戏中,让幼儿通过给不同口型的小动物喂相应形状的"饼干"这个过程来学习和理解数的一一对应。

2. 材料投放要考虑层次性

幼儿的思维是由低级向高级、由直观到抽象逐步发展的,为适应各阶段幼儿的不同思维水平,教师在投放材料时应根据同一目标的不同层次要求,提供难度不同的材料,以适应不同发展水平的幼儿。如语言区材料的投放顺序应依次为有序图片、无序图片和拼图构件。幼儿可以从看图讲述开始,逐渐发展为排图讲述,最后幼儿可以按自己的意愿将一组散乱的图片排列出次序,然后按图讲述。在此基础上幼儿还可以作拼图讲述,把自己喜欢的图片摆在背景图上,组成一幅完整的画面,然后按画面的情景讲述。从看图讲述到构图讲述,幼儿已经从看图说一句话发展到能逐渐运用自身经验和行为标准,编出较连贯的有一定情节的故事。

3. 材料投放要考虑多样性

孩子正处于建构各种知识概念的阶段,要理解某个概念,必须要有体现这个概念属性的多种经验,并在体验这些经验的共同性质中逐步形成初级概念。所以在数学区角活动中,对于同一种数概念属性,应尽可能地提供多种材料。如在"按规律排序"活动中,教师为幼儿提供颜色、大小不一的树叶,让幼儿在摆弄的过程中,感知、体验有规律排序的多种方法,积累同类型的多种经验,从而概括和抽象出有规律排序的概念属性。

4. 材料投放要考虑安全性

在区角材料的制作和投放上,安全性应是第一位的。大部分瓶、盒、罐都是幼儿从家中搜集来的,我们一定不能忽视里面的残留物,教师必须和小朋友们一起做好卫生工作,把收集来的瓶、盒、罐等材料消毒、清洗干净,放置在阳光下曝晒后方可使用,以免意外事故的发生。

> **思考与练习**
>
> 1. 确定一个主题教学方向,编制主题网络图。
>
> 2. 实地考察幼儿园活动室的区角设计。比如:活动室里有几个区角? 这些区角设计得是否合理? 如果有不合理的地方,你该如何改进?
>
> 3. 尝试自己写一个幼儿园区角创设的方案,包括设计意图、区角的作用、区角的功能和准备材料等等。

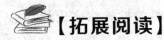

【拓展阅读】

幼儿园其他区角材料的投放[①]

1. 体育角

(1)投掷:飞碟、飞环、保龄球。

(2)平衡:高跷、踏板、梅花桩、夹趾棋。

(3)跳:用纸板摆或画出的小脚印。

---

① 资料来源:重庆第二师范学院与重庆市大渡口幼儿园合作开发的"区域化游戏课程开发"的内部资料

（4）跑：铁环、风车、揪尾巴。

2.表演角

（1）服饰类：头饰、胸饰、手饰、服饰、脚饰。

（2）道具类：各种背景（树木、花、草、房子）。

（3）乐器音响类：打击类乐器、录音带、话筒。

3.娱乐角

（1）夹珠子：玻璃珠、木珠、小勺、筷子、容器。

（2）钓鱼：钓鱼玩具、自制"鱼"、鱼竿。

（3）指鼻子、打锣：头像、大头娃娃、棒槌、锣。

（4）青蛙跳水：乒乓球、塑料盆。

（5）套圈：圈若干、各种小玩具。

（6）棋牌：跳棋、动物棋、飞行棋、扑克牌、自制棋牌。

【真题解析】

（2016年下半年）请根据下面的素材，设计大班主题活动方案，要求写出主题活动名称、主题活动总目标下2个子活动，每个子活动包括活动名称、活动目标、活动准备和活动主要环节。

周一早晨的户外活动中，幼儿被园子里五颜六色的花吸引了，有的在指认花的颜色，红的、黄的、白的、紫的；有的在数花瓣，三瓣、五瓣、六瓣；有的在争论花的名称，他们发现有的花朵长得一样但颜色不一样，有的花朵有香味，有的花朵没有香味……户外活动结束了，幼儿还一直很兴奋地谈论着……

[解析]

大班主题活动"美丽的花朵"

主题活动总目标：

1.感知常见花朵的外形特征，了解不同种类花朵的特点。

2.通过观察、探索和动手操作的方式来探究花朵的秘密。

3.学习花朵的绘画方法，能够为自己喜欢的花朵上色。

4.大胆表达对花儿的喜爱，萌发热爱大自然的情感。

活动一：花儿的秘密

◇ 活动目标

1. 知道常见花朵的名称，了解不同的花朵有不同的瓣数和香味。
2. 观察、交流、探索常见花朵的特点，在记录中发展动手操作能力。
3. 萌发对大自然的探索欲望，热爱大自然。

◇ 活动准备

物资准备：若干数量的桃花、迎春花等不同种类的花朵以及记录表。

经验准备：对常见花朵有简单的认识。

◇ 活动过程

一、观察认识常见花儿，感受花儿的美丽

1. 欣赏各种美丽的花，说说它们的名字和特点。

（1）迎春花：黄色的，花朵像喇叭，是在早春开放的花朵，它向人们报告春天的到来，所以叫"迎春花"。

（2）桃花：粉红色，先开花再长叶。

（3）玉兰花：白色的，先开花再长叶，花朵很大，它是上海市市花。

（4）蝴蝶花：颜色很漂亮，花瓣像蝴蝶的翅膀，所以叫"蝴蝶花"。

2. 请幼儿交流讨论后动手操作，探索花儿的秘密。

（1）教师将幼儿分为两人一组，给幼儿分发花朵和记录表，向幼儿提出要求：观察每一朵花有几瓣花瓣，哪种花朵有香味，哪一种没有。

（2）幼儿合作观察花朵，记录观察结果，教师巡回指导。

（3）幼儿分享观察结果，教师总结。

二、教师和幼儿玩"花儿找家"游戏。请幼儿帮助每一种花儿找到自己的家

◇ 活动延伸

将幼儿带到美工区，尝试制作花朵标本。

活动二：我的花朵很漂亮

◇ **活动目标**

1. 了解自己喜欢花朵的外形特点。

2. 能够动手画出自己喜欢的花朵，并完整地调色和涂色。

3. 体验绘画活动的乐趣，萌发对自然的喜爱之情。

◇ **活动准备**

物资准备：足够数量的绘画纸张，水彩，调色板。

经验准备：认识生活中常见的花儿。

◇ **活动过程**

一、教师带领幼儿做《美丽的花》手指谣

二、教师提出绘画的主题——我最喜爱的花朵，鼓励幼儿大胆表达

1. 教师通过提问启发幼儿，让幼儿大胆说出自己喜欢的花儿。

2. 请幼儿说出自己喜欢的花儿的外形特点及颜色。

三、教师发放绘画材料，幼儿动手作画

1. 教师教给幼儿简单的调色方法以及水彩的使用方法，并告诉幼儿使用绘画材料的注意事项。

2. 幼儿自己作画并调色涂色，教师巡回指导。

四、幼儿展示作品，教师评价

幼儿展示自己的绘画作品，教师鼓励幼儿在集体面前表达自己关于绘画的想法，并对幼儿的表现做出积极的评价。

◇ **活动延伸**

将幼儿带到主题墙的展示区，帮助幼儿一起把画装饰在主题墙上。

【真题模拟】

活动设计题:请围绕"有用的工具"为大班幼儿设计主题活动,应包含三个子活动。

[解析]

主题活动"有用的工具"

活动总目标:

1.对各种工具进行初步的认识,知道不同的工具有不同的用法。

2.大胆尝试操作收集到的工具,能够正确使用工具进行探索。

3.在各种尝试活动中会用自己的方式表达、记录自己真实的感受和经验等。

4.感受工具的多样性,对生活中各式各样的工具感兴趣,愿意进行相应的探索。

活动一:大班语言领域活动——《造房子》

◇ **活动目标**

1.理解故事内容,知道不同的工具有不同的作用。

2.在集体面前大胆讲述小动物们使用什么工具劳动。

3.喜欢听故事,对生活中的工具产生兴趣。

◇ **活动准备**

1.工具图片、动物头饰。

2.对某些工具作一定的了解。

◇ **活动过程**

1.儿歌导入,激发兴趣。

以儿歌《粉刷匠》导入,然后呈现粉刷匠的图片,请幼儿观察粉刷匠所用的工具,进而引出活动的主题——造房子的工具。

2.借助动画,初步感知故事。

(1)教师借助动画,带领幼儿学习故事——《造房子》。

(2)请幼儿讲述:故事中,谁来帮助小羊建造房子? 它们都带来了什么工具? 这些工具有什么作用?

3.再次播放动画,引发幼儿思考。

(1)回放故事,请幼儿思考:为什么小鸡带来的是小铲子? 小熊带来的是铁锹? 使用这些工具的时候需要注意什么? 你会使用这些工具吗?

(2)请幼儿思考,如果你要去帮小羊建房子,你会使用什么样的工具呢? 为什么?

4.角色表演,巩固拓展。

(1)请幼儿复述故事,教师注意提醒幼儿复述时不要遗漏故事要点。

(2)请幼儿选择故事中自己喜欢的动物头饰,表演故事。

◇ **活动延伸**

请幼儿回到家里和爸爸妈妈讨论,除了今天提到的工具,生活中还有哪些有用的工具。

活动二:大班科学领域活动——有用的工具(略)

活动三:大班语言领域活动——厨房大世界(略)

第 7 章
经典学前教育课程理论与方案

在一次课程研讨会上,一名幼儿教师讲道:"我们很多幼儿园都特别爱学习新的幼儿教育理念,但这往往也时常困扰我们,比如说现在有很多的幼儿教育模式,像瑞吉欧、华德福、高瞻课程等等,这些模式是什么关系? 它们之间有哪些不同? 我们学习了一种模式,是不是还可以加入另外一种模式呢?"在学前教育课程漫长的发展过程中,不同国家和地区形成了很多有特色的学前教育课程模式,这些课程模式基于不同的教育理论,提出了不同的教育理念与目标,本章主要介绍几种经典的学前教育课程理论与方案。

【学习目标】

1.知识目标：了解各种经典学前教育课程方案产生的背景及理论基础，理解各种经典学前教育课程方案的特点。

2.技能目标：能够依据不同的学前教育课程方案的特点，设计具体的教育教学活动。

【学习重点】

理解各种经典学前教育课程方案的特点。

【知识结构图】

经典学前教育
课程理论与方案
- 银行街课程模式
  - 银行街课程模式概述
  - 银行街课程模式的要素
- 高瞻课程模式
  - 高瞻课程模式概述
  - 高瞻课程模式的要素
- 五指活动课程
  - 五指活动课程的理论基础
  - 五指活动课程的要素
- 华德福课程模式
  - 华德福教育的发展历史
  - 华德福教育的理论基础
  - 华德福课程模式的要素

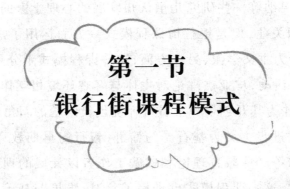

第一节
银行街课程模式

一、银行街课程模式概述

(一)发展历史

1916年露西·米切尔和她的丈夫韦斯利·米切尔以及同事哈里特·约翰逊一起在纽约成立了教育实验处(此为银行街教育学院的前身),并聘请了医生、社工以及其他专业人员担任教师。他们的目的是将心理意识与民主观念的教育结合起来。研究人员和教师研究幼儿,以找出什么样的环境最适合儿童的学习和成长,然后创造这种环境,并在这种环境中培养幼儿。

20世纪60年代,银行街教育模式的发展主要受到美国的开端计划的影响。1965年,美国通过《人权法案》,银行街教育学院配合《人权法案》支持下的开端计划,建立了诸多工作小组。

1971年,银行街教育模式正式更名为"发展—互动模式",它不再以老师的实践为引导,而是以概念化与系统化的课程来引导学生,以对抗当时的行为学派和认知学派对"认知"的发展。

(二)银行街课程模式的理论依据

这一课程模式是建立在多元化的理论基础上的,这与20世纪60年代出现的其他以单一理论为基础的课程方案有着很大的不同,银行街早期教育方案的理论基础至少来源于三个方面:

一是弗洛伊德及其追随者的心理动力学理论,特别是诸如安娜·弗洛伊德、埃里克森等一些将儿童发展放置于社会背景中的学者的理论,强调情绪、动机以及自主性等方面的发展。

二是皮亚杰、温纳等一些研究儿童认知发展的心理学家的理论,这些心理学家对教育并不特别关注,但是银行街课程模式一方面运用了这一学派的理论来应对当时盛行的行为主义学派,另一方面,这一课程模式十分重视用环境的创设来引发儿童的自由活动,皮亚杰理论对主体与客观环境相互作用的强调,与其基本主张不谋而合,并为其开创了一个看待环境创设问题的新角度。

三是以杜威的进步主义为基石。约翰逊(银行街早期教育方案创建主任)、艾萨克斯和米切尔等一些教育理论和实践工作者以杜威的理论为基础,开始建构银行街教育模式,这一课程模式也借用了莱温、维果茨基等人的理论,后来比伯长期参与,协助他们将心理学与教育学理论相结合,并将理论与实际相结合。

二、银行街课程模式的要素

(一)课程目标

银行街课程模式认为,托幼机构的教育目标首先是培养儿童有效地作用于环境的能力;其次是促进儿童的个性发展,包括自我认同、自主行动、自行选择、承担责任和接受帮助的能力;再次是培养儿童的社会性,包括关心他人、成为集体的一员、友爱同伴等;最后是鼓励儿童进行创造。这些目标都很宽泛,应根据儿童发展的阶段和文化背景来加以思考和具体化。

具体来说,其课程目标又分为广泛性目标和精准性目标。

1. 广泛性课程目标[①]

(1)提升能力。在发展—互动模式中,"能力"的含义既包括客观性的知识技能,同时也包含了主观性内涵,如自尊、自信、自我效能感、卓越的表现、表达能力、沟通能力等。

(2)独特的个性。这个目标强调对自己独特性的了解,自己对自己在生活中所扮演的不同角色的知觉与分辨,同时根据对自己能力的认识及他人对自己的印象建立自我价值感。

(3)实现社会化。学会自我控制以保证课堂的秩序,处理好自己与他人的关系,调整自己的行为,使其内化为规则。

---

① 简楚英.学前教育课程模式[M].上海:华东师范大学出版社,2005:62.

（4）培养创造力。创造力表现在表达、情感、构想、逻辑、直觉等各个方面。创造力的表现领域很多，包括绘画、雕塑、旋律、数学与科学等。

（5）具有整合能力。整合能力包括内心世界与外在世界的整合、思想与情感的整合以及以上目标中提到的各种能力的整合等。

2. 精准性目标

（1）让幼儿通过和环境直接接触与操作来满足其需要，包括对物理世界的探索、操作性活动。

（2）通过认知策略去提升不同的经验，包括扩展信息的接收和反应，扩展表征的模式，语言的发展，等等。

（3）提升幼儿有关社会环境方面的知识，包括观察学校里外的环境，讲故事，讨论幼儿听到的当时在社会上正发生的重大事件，如战争、示威游行、地震等。

（4）帮助幼儿将行动的控制予以内化，包括沟通；设定一组不具威胁性的限制，如规则；建立具有功能性的成人权威角色。

（5）协助幼儿树立一个独立、有能力的人的自我形象，包括增加幼儿有关自我的知识，更进一步地统整自己。

（6）帮助幼儿建立互动过程中相互支持的模式，包括建立成人与幼儿、幼儿与幼儿之间非正式的、口语与非口语的沟通渠道。为幼儿提供合作和团体活动的机会。

（二）课程内容

银行街课程模式强调儿童现实生活的经验和兴趣，并倾向于选择发展儿童实践活动能力的经验，而对发展智力技能的内容却并未偏重。具体来看，其课程的核心内容主要是围绕"社会学习"而组织起来的，是整合式的课程。其学习内容主要包括：（1）人类与周围的自然环境；（2）人与家庭、社区以及更广阔的外在世界的关系；（3）代际的联系与沟通；（4）通过神话、宗教、科学、艺术来了解生命的意义；（5）受某种价值观支配的个体和集体的行为；（6）将变化视为生活的常态；（7）学会如何解决问题。[1]该课程方式整合了美术、音乐、数学、科学、阅读、书写等各种不同的经验，以促进儿童社会性、情感和认知等各方面的共同发展。

---

① M. C .Day & R. K. Parker (Eds.), The preschool in action: Exploring early childhood programs(2nd Edition). Boston: Allyn & Bacon. 1972:432.

其社会学习是对人类世界的整合研究,包括过去、现在及未来,经由讨论、动手做、戏剧扮演、参观等方式,使孩子主要从直接经验中去学习。孩子们也会从其他途径获取更直接的知识,如书籍、博物馆、图片、文档和计算机等,以此来了解一些互相关联的概念,也就是说,社会学习的意义在于看到自我和家庭、社区、社会、世界的关联。每一次的社会学习,幼儿都有机会参与跨学科活动,在各种不同的方式中,丰富他们的学识。

(三)课程的实施

课程实施主要利用主题网和课程轮这两个工具。

课程轮(curriculum wheel)类似于我们平时所说的课程网络图,中央是所选择的主题,轮辐间的空间是教师设计的各个活动。教师运用此工具计划、统整各学习区的活动,使社会学习的内容丰富而多元。教师可以根据需要对内容加以更改、增加或删除。

实施步骤:

选择主题——→确定目标——→收集资料——→开展活动——→

家庭参与——→高潮活动——→观察和评价

(四)课程评价

与以高水平学业成就为评判标准的评价不同,银行街长期主张更宽泛的评价标准,这种评价立足于理解儿童如何了解属于自己的世界,并为儿童提供一系列的机会让他们表达自己的理解。基本技能和学科知识固然是基础,但是,在与环境互动时,儿童的态度和个性特征同样重要,例如,儿童的独立精神、开展活动的能力,以及社会责任感,等等。[①]

运用银行街发展—互动模式的教师必须遵从和完成教育主管部门发布的教育测试和评估。此外,评价要严格地、系统地依据对儿童活动行为的观察和记录,包括教师对儿童表现的观察、儿童活动的文件袋、教师为年龄较大的儿童设计的技能检测表所反映的儿童学习质量等。分析和总结这些资料,能使教师理解每个儿童的特点和需要,为与家长沟通以及确定下一步计划打下基础。

---

① 朱家雄.幼儿园课程论[M].北京:中央广播电视大学出版社,2007:193.

表7-1 银行街课程评价表

评价取向	形成性评价取向
评价方法	评价方法较为宽泛,通过观察儿童的活动,为儿童提供一系列表达的机会表达自己的理解,老师进行评价
评价内容	基本技能和学科知识 儿童与环境互动时的态度和个性特征
评价依据	幼儿的作品 教师在儿童学习过程中的观察记录 幼儿个人评价资料

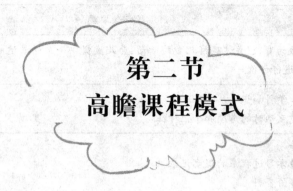

第二节
高瞻课程模式

一、高瞻课程模式概述

（一）高瞻课程的产生与发展

1962年，韦卡特在密歇根州政府的经费支持下，成立了第一个由政府赞助的学前方案，称为佩里学前教育方案。这一方案主要是为三、四岁幼儿设计，它强调的是幼儿在社会和情绪方面的发展，其主要目的是帮助低收入家庭中的幼儿做好入学准备，这一方案注重的是幼儿学业的进步和知识的灌输。

1970年，韦卡特离开了伊普西兰蒂公立学校，另外组织成立了高瞻教育研究基金会，其最终目标是希望促进所有儿童的学习和发展，继续研究和探索学前课程成了高瞻教育研究基金会的一个不容推卸的使命。至此，韦卡特等人设计的认知导向课程开始被称为"高瞻课程"。

（二）高瞻课程模式的理论基础

高瞻课程模式的理论基础主要是皮亚杰的认知发展理论。

第一，在心理发展过程中，主体和客体之间是相互联系、相互制约的关系，即两者相互依存，缺一不可 。

第二，主体和客体相互转化的互动关系。先天遗传因素具有可控性和可变性，在环境的作用下，遗传特性可以被改变。

第三，主体和客体的相互作用受个体主观能动性的调节。心理发展过程是主体自我选择、自我调节的过程。

到了1979年，高瞻课程模式由强调皮亚杰式的认知性工作转变为强调幼儿是知识的建构者,在其认知发展的主要经验目标中增加了"主动学习"一项,至此,高瞻教学模式已愈来愈看重幼儿的"主体性"与"主动性",这个趋势在1995年后得到了更明显的体现,"主动学习"上升为整个课程发展的核心。

二、高瞻课程模式的要素

(一)课程目标

高瞻课程模式的最终教育目标仍然是促进儿童逻辑思维能力的发展。但从微观的层面来说,也发生了一些较为明显的变化,首先表现为在原有目标的基础上增加了主动学习、语言、经验和表征、数概念等四个方面的目标。进一步来说,每一个目标领域下面的子目标也发生了变化,例如:空间关系的目标增加了装拆物体、重新安排和改变物体在空间中的位置、从不同的空间角度观察和描述事物等;时间关系的目标则拓宽到包括观察季节变化、认识钟表和日历等。从这些目标很容易看出其重视的依然是儿童认知能力的发展。

(二)课程内容

高瞻课程的内容来源于幼儿的兴趣和关键经验。关键经验是那些可以观察到的学习行为,它是目前高瞻课程的一个重要组成部分。关键经验是对幼儿社会性、认知能力、身体发展的一系列陈述,它是成人支持、观察幼儿活动并作出计划的依据,也是评估幼儿发展状况的指标体系;关键经验是幼儿发展必不可少的,同时又是连续的,是不断生成的;所有关键经验的获得都要依靠幼儿主动地学习。到目前为止,关键经验包括学习方式,社交情感发展,身体发育和健康,语言、读写和交流,数学,创造性艺术,科学与技术以及社会学习八大类共58条。

表7-2 高瞻课程关键经验一览表

关键经验条目	学习方式	社交情感发展	身体发育和健康	语言、读写、交流	数学	创造性艺术	科学与技术	社会学习
1	主动性	自我认同	肢体运动技能	理解	数字和符号	艺术	观察	多样化
2	计划	效能感	精细运动技能	口头表达	数数	音乐	归类	社会角色
3	专注	情感	身体意识	词汇	部分和整体的关系	动作	试验	决策制定

续表

关键经验条目	学习方式	社交情感发展	身体发育和健康	语言、读写、交流	数学	创造性艺术	科学与技术	社会学习
4	解决问题	同理心	个人护理	语音知识	形状	假装游戏	预测	地理
5	使用资源	团体	健康行为	字母知识	空间意识	艺术欣赏	得出结论	历史
6	思考	建立关系		阅读	测量		交流想法	生态
7		合作性游戏		文字概念	单位		自然和物质世界	
8		道德发展		书籍知识	模式		工具和技术	
9		冲突解决法		书写	数据分析			
10				英语学习/双语习得				

（三）课程实施的特点

课程实施的特点主要包括学习环境布置、成人角色、每日例行活动框架等。

1.学习环境布置

（1）空间组织

空间的设计要有吸引力,包括软硬度、色彩、光线、舒适度等物理因素都应加以考虑;兴趣区的区分要鲜明,好鼓励儿童参与不同的游戏;空间的规划要符合大活动时间段以及午餐、午睡等不同时间段的需要。

（2）兴趣区的建立

兴趣区的建立要有弹性,能随着幼儿兴趣的转变而改动,同时要注意不同兴趣区的摆设原则。

（3）材料的提供

材料的提供有以下两个方面的要求:第一,应尽可能提供真实生活中的材料;第二,材料的摆放要有规律、秩序,强调标记的作用。前者考虑到了材料具有多样性与丰富性,与孩子的生活相关联,后者则更多地考虑让孩子在收取材料的过程中学习。[1]具体要求如下:①材料的摆放应合理,应能让幼儿自由取用,用完后自动

① 刘华,时萍.几种课程模式的介绍与分析[J].早期教育.2008(8).

放回;②材料需多种多样、数量足够;③材料必须具有可操作性,因为幼儿的学习兴趣是通过实际操作产生的。

2. 成人角色

高瞻课程模式强调主动学习,因此提供给幼儿一个安全的环境将有助于其主动学习。这一模式同时也强调家庭参与的重要性,在教学时教室里除了老师外也有家长或者义工的参与,所以在教学过程中会强调成人的角色,老师的角色也在其中。

由于该模式强调学习是在建构的过程中产生的,因此,在课程实施过程中,教师已经从教学任务中解放出来,与儿童一起分享学习经验,教师所扮演的角色是观察者、支持者和引导者,教师对儿童有目的的提问和引导是促进儿童认知发展的重要手段。

3. 每日例行活动框架

高瞻课程并没有固定的教学大纲,却有一个较为固定的框架来引领儿童主动学习,这种框架可以让学生了解一天例行事务的顺序,由于内容是在老师与学生的互动中产生的,所以不会影响孩子的主动性。高瞻课程将一日活动划分为固定的几个时段,分别是:小团体活动时间;计划—工作—回顾时间;集体活动时间;环节转换时间;午餐与休息时间,户外时间等。无论哪一个环节,都十分强调儿童学习的积极性和主动性。下面以“计划—工作—回顾”这个最长的时间段也是最重要的环节为例:

在“计划—工作—回顾”这个环节中,第一步是拟好计划,儿童需想好自己一天活动的计划,并与老师讨论,教师向儿童提问有关计划的具体内容以及如何实施计划等,同时教师还可以给儿童提出合理建议,目的是使儿童的计划更加清晰,目标更明确,避免盲目性。

接下来是工作时间,儿童拟好计划后,就可以开始实施了。儿童为了实现自己的计划而不断进行各种尝试和探索,或者去与同伴交流;而教师需要对儿童的活动耐心观察,并适时加入进去给予帮助,精心创设各种问题,让儿童来回答或解决,从而锻炼儿童解决问题的能力或者巩固儿童已经获得的知识。工作完成后的整理材料时间是对儿童进行分类技能训练的最好时机。

第三步是回顾,即让儿童们聚集在一起分享、讨论他们之前做过的工作。教师可以启发儿童回忆已经做了什么，是如何做的，在过程中遇到了哪些困难，又是怎么解决的。回忆可以采用多种方式，儿童可以用语言也可以用图画来表达。回忆有助于儿童将计划、行动和行动的结果联系起来，使思维得到锻炼。

下面是高瞻课程模式下的幼儿园一日活动。

这一天从"问候时间"开始。当教师开始进行一个著名的动物表演游戏时，孩子们聚集在一起，并且立即参与进来。然后，教师建议孩子们围成一个可移动的圆圈。两个孩子不想成为动物，教师建议他们可以成为"观众"。他们坐在椅子上进行观看。孩子们建议模仿大象、熊、美洲鳄鱼等动物。他们假装成动物在"观众"面前伴随着音乐列队行进。在问候时间结束时，教师建议，当他们转移到下一项活动——小组活动时，儿童选择一种动物进行模仿。在小组活动期间，儿童使用教师已经带进教室的、能被反复利用的材料，还有他们前一天采集到的松果，来实现他们活动选择上的"创新"。

当完成小组活动之后，制订计划的时间开始了。在这段时间里，教师让更加年幼的儿童，根据他们在自己的游戏中将要使用的材料，来做出计划。她让年龄大一些的孩子去画出或者摹写代表他们打算去游戏的区域的符号或者字母（每一个游戏区域都有一个说明本区域的简单图画标记与字母标志）。为了说明自己的计划，3岁的查理拿着一块小的空心木块，把它带到老师面前。"我想要制造一辆火车，就这么多。"他说道。4岁的阿佳（Aja）带着一件衣服与一卷带子。"我想到游戏室中成为妈咪，然后我想到艺术区用带子制作东西。"她解释道。5岁的阿什丽向教师展示她画的桌子，以及桌子上用来盛米饭的勺子。

在"手工工作"期间，教师参与到儿童的游戏之中。开着查理的火车，一个教师向塔莎展示如何使用数字3到5来制作火车票；一个教师加入到两个玩棋盘游戏的孩子之中，并且在阿佳解释她如何用带子与盒子制作洋娃娃床的时候认真倾听；一个教师帮助尼古拉斯与查理通过谈判来解决一块木块的纠纷，鼓励他们倾听与提出问题，直到他们同意其中的一个解决方法。儿童在游戏时，积极地参与到解决问题的过程之中，积极地参加到很多"高瞻"的"关键经验"之中。教师使用"关键经验"作为指导，以此来计划活动、描述思想和参与儿童的游戏活动。

在"回顾总结"的时间里，孩子们聚集在一起围成一个圆圈，组成一个小组，成员还是他们在制订计划时组成小组的那些人。查理叙述他们使用木块制造火车的经验，尼古拉斯描述了他在游戏中所使用的特殊"棍棒"，阿佳展示她的洋娃娃床,塔莎描述她的"车票"。吃过点心之后,孩子们穿上外套,开始讨论他们将在室外从事的活动:"让我们收集更多的松果,我们把它作为美洲鳄鱼的食物";"让我们去荡秋千,我刚刚学会如何荡秋千";"让我们看一看我们能不能在岩石底下找到更多的小虫,它们在那儿过冬"。教师做出反应:"我愿意帮助你去寻找小虫。"

(四)课程评价

其评价方式以观察记录为主,老师利用儿童的午休时间交换观察心得与问题,进而决定继续引导儿童的方法。教师对幼儿重要的行为、变化、言语以及对有助于他们更好地理解幼儿思维与学习方式的内容做记录,以笔记与文件夹形式来收集资料。同时,也使用以关键经验为基础的评价量表——高瞻幼儿观察记录表,来观察幼儿主动开展的活动,评价幼儿在学习主动性、社会联系、创造性陈述、音乐与运动、语言与读写识字能力以及逻辑与数学所有这些方面的发展。这几个方面与高瞻课程全面发展的目标是一致的。通过这种全面的情境性评估,教师能深刻认识到儿童的优点与不足。在此基础上,教师能更好地与家长交流,能依据儿童发展的不足制订与实施相应的计划与活动,从而促进儿童全面发展。

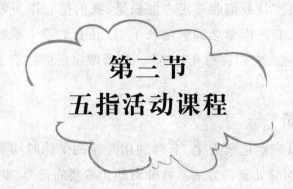

第三节
五指活动课程

一、五指活动课程的理论基础

陈鹤琴的五指活动课程以他的"活教育"理论为基础。"活教育"理论是他最主要的理论,也是最具亮点的部分。"活教育"思想是针对当时中国的实际情况,在反封建传统教育的基础上提出的,其内涵主要体现在"三大纲领"(目的论、课程论、方法论)和"两大原则"(教学原则、训育原则)中。[①]此处主要介绍他的"三大纲领"。

(一)"活教育"目的

陈鹤琴说过,人与人之间必定相互发生关系……所以"活教育"要讲做人,应努力学习如何做人,如何求得社会的进步、人类的发展。[②]继而,陈鹤琴进一步指出:第一层次是"做人",此处的人是指一般意义上的人,是最起码的。第二层次是"做中国人",他说,今天我们生活在中国,是一个中国人,做一个中国人与别的国家的人不同[③],即"活教育"的目的在于"做人""做中国人""做现代中国人"。具体而言表现在以下几个方面:要具备健全的身体;要有建设的能力;要有创造的能力;要有合作的态度;要有服务的精神。

(二)"活教育"的课程

陈鹤琴批评旧教育是"死教育",课程是固定的,教材是呆板的,不问儿童是否

---

① 王雯."活教育"的理论基础[J].学前教育研究,2002(6).
② 北京市教科所.陈鹤琴全集(第五卷)[M].南京:江苏教育出版社,1991:62.
③ 北京市教科所.陈鹤琴全集(第五卷)[M].南京:江苏教育出版社,1991:62.

了解,不管与时令是否适合,只是一节课一节课地教,这样的教育只能培养"书呆子"。针对这些缺点,"活教育"反其道而行之,"大自然、大社会都是活教材","活教育课程是把大自然、大社会作为出发点,让学生从中直接去学习"。所谓"活教材",是指大自然、大社会这一直接的"书",即儿童与自然及社会直接接触,从亲身观察中获取直接的知识和经验,课程内容的选择要源于儿童真实的生活环境,并以大自然、大社会为中心。他的"活教育"课程内容具体分为五类,即所谓的"五指活动"课程。

(1)儿童健康活动(包括体育、卫生、营养等);

(2)儿童社会活动(包括史地、公民、常识等);

(3)儿童自然活动(包括动物、植物、矿藏、理化、算术等);

(4)儿童艺术活动(包括音乐、图画、工艺等);

(5)儿童文学活动(包括读、作、写、说等)。

(三)"活教育"的方法

陈鹤琴先生说,"活教育"的教学方法也有一个基本的原则。什么原则呢?就是做中教,做中学,做中求进步。[1]"活教育"的教学不重视班级授课制度,而重视室外活动,着重于生活体验,以实物为研究对象,以书籍为辅佐和参考,即注重儿童直接经验的获得,而非间接知识的传授。"活教育"把直接经验作为儿童进步的最大动力,把"做"作为教学最基本的原则。所以"活教育"的教学过程分为四个步骤:第一步是实验观察,第二步是阅读参考,第三步是发表创作,第四步是批评研讨。教师的责任是引发、供给、指导、欣赏。

"活教育"根据儿童生活的需要及儿童的学习兴趣,组织儿童活动场所。第一阶段是小动物园,小花园,小游艺场,小工场,小图书馆;第二阶段是小农场,小社会,小美术馆,小游戏场;第三阶段是儿童工场,儿童家场,儿童科学馆,儿童世界,儿童艺术馆,儿童运动场,儿童服务团。校内是儿童活动的一般场所,校外的大自然及大社会则是更为重要的活动场所。

陈鹤琴还详细阐释了"活教育"的原则,他提出:"凡是儿童自己能够做的,应当让他自己做,凡是儿童自己能够想的,应当让他自己想","你要儿童怎样做,就应当教儿童怎样学","鼓励儿童去发现他自己的世界","积极的鼓励胜于消极的制裁","积极的暗示胜于消极的命令",等等。这是我国现代儿童教育中有价

---

[1] 陈鹤琴.陈鹤琴教育论著选[M].北京:人民教育出版社,1994:348.

值的思想。

"活教育"的三大纲领是针对旧中国旧教育传统的弊病提出的。他认为旧中国的教育制度是抄袭外国的,空谈理论,教学脱节,读死书,书本至上,不求进步,学生缺乏创造性,没有动手能力。因此他提出了"活教育"的思想体系,对批判传统的旧教育和课程改革均具有积极意义。

二、五指活动课程的要素

(一)课程目标

陈鹤琴认为,课程是为目的服务的,而确定目的前,首先要确立"儿童是主体"的思想。教育者应先了解儿童,才能明确应对他们的进步抱有何种程度的期望。陈鹤琴以"活教育"的目的为基础,逐步建立起"五指活动课程"的目标体系。他提出,五指活动课程的目的在于发展幼稚生的心智和身体。具体目的有以下四个方面:

(1)培养受教育者的合作精神、同情心、服务精神(做怎样的人);

(2)培养受教育者拥有健康的体格,养成讲卫生的习惯,并有相当的运动技能(有怎样的身体);

(3)培养受教育者应有的研究态度,充分的学识,表达的能力(怎样开发智力);

(4)培养受教育者欣赏自然美和艺术美,养成乐观的精神,消除惧怕的心理(怎样培养情绪);

(二)课程内容

陈鹤琴先生一贯倡导"活教材"的观点,要求幼儿园的课程内容要与幼儿的实际生活相结合,以"五指活动"来规定课程的内容。

五指活动主要包括以下五个方面的内容:

第一,健康活动,包括饮食、睡眠、早操、游戏、户外活动等。

第二,社会活动,包括朝夕会、周会、纪念日集会、每天的谈话以及社会常识和政治常识的学习等。

第三,科学活动,包括植物的培植、动物的饲养、自然现象的研讨以及对当地自然环境的认识等。

第四,艺术活动,包括音乐、图画、手工等。

第五,语言活动,包括讲故事、唱儿歌、猜谜语、演戏剧、演讲等。

五指活动课程对五种活动的强调有所侧重。例如,陈鹤琴认为健康活动是第一位的,因为强国需先强种,强种先要强身,强身先要重视幼小儿童的身体健康。又如,陈鹤琴还认为幼儿园课程应特别重视音乐,因为音乐可以陶冶儿童的性情,鼓励儿童进取,发展儿童欣赏美和创造美的能力。此外,语言是人际沟通的工具,也是儿童学习的工具,所以也应予以重视。陈鹤琴认为,虽然这五种活动是分离的,但是它们就像人的五个手指一样,构成了具有整体功能的手掌,幼儿园课程的全部内容都被包括在这五种活动之中。因为儿童的生活是整个的,因此,课程内容互相连接为整体,而不是分裂的。正如陈鹤琴所言:"五指是活的,可以伸缩,互相联系。""课程是整个的、连贯的。依据儿童身心的发展,五指活动在儿童生活中结成一个教育的网,有组织有系统,合理地编织在儿童的生活上。"

(三)课程组织

五指活动课程包含了五个方面的内容,这五个方面是不可分割的。幼儿园课程要从大自然、大社会中选择儿童感兴趣同时又适合儿童发展的人、事、物作为中心,以单元主题的方式组织起来。各项活动都围绕单元主题进行,使健康、科学、社会、语言、艺术等学科构成内在联系,成为一个整体,这时候大自然和大社会就如同人的手掌,将"五指"自然地连成一个整体。这种课程内容组织方法,陈鹤琴先生称为"整个教学法",即把儿童应学的东西整个地、有系统地教给儿童,这一方法又称"单元教学法"。

那么如何开展"单元教学法"呢? 大概有以下几个步骤。

(1)开展教师会议,商讨下周的课程活动。

(2)确定活动后,拟定活动内容及步骤。

(3)教师预备活动材料及相关参考书。

(4)寻找或布置一个适当的环境来开展相关活动。

(5)引起儿童的兴趣,并融合各学科开展各方面的活动,不强求活动效果必须合乎预定计划。

(6)儿童如不能坚持完成活动,教师应反省究竟是什么缘故,可否补救。

(7)儿童临时对某事物发生兴趣,教师要尽力去指导,强调课程的生成性,适时改变原来的课程设计。

（8）同一个设计单元里，各方面的活动很多，儿童愿意参与哪一方面的活动，应该让儿童自由去做。

（9）活动结束后，应当有简短的讨论。

由上可见，五指活动课程的组织给予了儿童充分的自由，解放了儿童的双手和大脑，处处体现着主动性、灵活性、生成性、多样性、弹性。

（四）课程实施

根据活教育的教学原则，陈鹤琴强调，课程的实施应该注意以下几个问题：

（1）强调"计划性"和"灵活性"相结合。虽然幼儿园的课程计划需要预先拟定，但是教师要根据儿童的兴趣适时做出调整与改变，强调课程的生成性，只有这样才能体现"活教育"的思想，才是符合儿童需要，利于儿童发展的。

（2）提供能促进幼儿学习、引发学习动机的物质环境及材料。

（3）游戏式教学法。儿童天生是爱玩的，在游戏中儿童能自由地表达自己，可以说儿童的生活就是游戏。通过游戏的方式实施课程，促使儿童在生活中学习、在游戏中学习、在活动中学习，事半功倍。

（4）小组教学法。由于幼儿的年龄参差不齐，智力发展水平各不相同，兴趣也不可能一致，因此多采取小团体的方式进行教学，更容易因材施教，取得较好的效果。

（5）多提供户外活动的机会。自然环境和社会环境是幼儿学习的最佳场所，户外活动不但可以使幼儿在接触自然实物中获得直接经验，还能强健身体，使儿童快乐地学习。

（6）教师应当成为儿童的朋友，使幼儿不害怕、肯接近。教师应当和幼儿同游同乐，在玩中教，在玩中学，在玩中求进步。

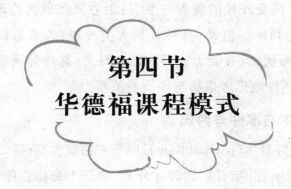

第四节
华德福课程模式

一、华德福教育的发展历史

第一所华德福学校于1919年在德国的斯图加特创立。它是由奥地利科学家、教育家和哲学家鲁道夫·史代纳根据人智学的理念为一个叫Waldorf的香烟厂的工人子弟办的学校,名为自由华德福学校。这所学校受到社会各界的好评,人们都认为这是未来教育的典范。后来,凡是实践这一教育理念的学校都被称为华德福学校或鲁道夫·史代纳学校。

华德福教育作为非宗教性的独立教育运动,已经发展了将近100年,在欧洲的发展到了一个比较成熟的阶段,在北美、南美和南太平洋地区正处于蓬勃发展之中。在近十几年里,华德福教育也在亚太地区的日本、泰国、尼泊尔、印度和越南等国家生根发芽。联合国教科文组织对华德福教育予以了充分的肯定,其中一些华德福学校还是联合国教科文组织成立的国际教育网络联合学校计划中的成员。

二、华德福教育的理论基础

(一)身、心、灵三位一体的人类结构

早在1907年出版的《The Education of the Child》一书中,史代纳就从人智学的角度对儿童出生后的身体与精神的发展进行了阐述,并提出了他早期的教育观点,认为儿童的成长是身、心、灵三位一体发展,认为儿童时期的教育应该注重对

其生命力的滋养。[①]史代纳认为人的身体承载着心灵与灵性,身、心、灵应是合一的整体。人以感官接受外界的刺激与事实;以心灵将事实的印象转换成为与自己有关或有意义的判断。但是,具神性的人类发现:人若总以一己之心判断生活,必遭受情绪的困扰;人有能力放弃一己之好恶,能冷静观察、探究事物本身;能还事情本相;能灵性地思考事物与环境的关系。[②]

(二)四位一体的本性与特质

第一个是物理性身体(physical body),同于矿物质世界;第二个是以太体(etheric body),与身体相融合,唯有死亡时才分开;第三个是星芒体(astral body),掌管直觉、冲动、喜好、欲望及变化无常的感觉与想法;第四个是最高的形体即自我意识体(ego),掌管人的自我,这是我们优于世上其他生命体的原因,它赋予我们好奇心和自我知觉的能力。这四种形体是人的基本组成要素。

这四种形体的结合方式,视我们在进入物质世界时,精神灵魂之流与遗传物质之流两者的汇合而定。每个人身上的四个形体中,必有一个具有掌控权,在其他的形体之上,使得个人有自我独特的表征。如果是自我意识体主控的话,会产生激动型的气质;如果是星芒体主控的话,则产生血性型的气质;如果是以太体(生命体)主控的话,则产生迟缓型气质;如果是物理性身体主控的话,就会有忧郁型的气质。永恒与刹那的特别结合,决定了人体四个形体之间的关系。这四个形体在身体上表达自我的方式时常被提及,自我意识体以血液循环来表现,因此激动型的人的主控系统为血液;星芒体以神经系统来表现,因此血性型的人其神经系统掌握支配权;以太体以腺体来表现,所以迟缓型的人以腺体为主控系统;而物理性身体则以自身来表达,所以忧郁型的人外观上最重要的特征就在身体上。在任何与气质有关的现象中,我们都可以观察得到这些特征。

三、华德福课程模式的要素

(一)教育理念

在史代纳的七年发展论里,幼儿期是人生发展的第一阶段,从发展来看,幼

---

① 衡若愚.以游戏为基本活动的个案研究——以某华德福幼儿园游戏活动实践为例[D].西南大学硕士论文,2010:16.

② Steiner, R. (1994). Understanding Young Children: Excerpts from Lectures by Rudolf Steiner Compiled for the Use of Kindergarten Teachers (Reprinted.), 23.The Waldorf Kindergarten Association of North America, Inc.

儿是在操作中学习，由行动逐渐唤醒思考及想象的能力。生理发展顺序决定了教育首先要由四肢做起（重视运动及活动），接着是与胸腔有关（重视感情），最后才是头部（重视智能与认知），也就是意志→情感→思考（willing→felling→thinking）。所以幼儿阶段重视意志力的培养。幼儿时期发生的一切影响人的一生，包括身体、智力、个性及道德。

（二）教育目的

史代纳说过，我们最大的努力一定要放在培养自由的人上面，让人有能力决定自己的目标，指导自己的生活。[①]华德福教育就是配合人的意识发展规律，阶段性地针对意识来设置教学内容，让人的物理性身体、以太体、星芒体和自我意识体都得到发展。人的自我发展过程中，不同的发展阶段，物理性身体、生命体、星芒体和自我意识体扮演着不同的角色。针对人的深层意识的教育让孩子成长为自己，最终形成超越物质、欲望和情感的洞察与判断力，结合与生俱来的智慧和本质达成自我，最终找到自我的人生定位和方向。

（三）教育内容

华德福教育绝不追求乌托邦，绝不过度理想化，绝不为理想社会预备儿童，而是按照实际生活、生命本质朝向的目标预备儿童。在学前教育阶段，华德福教育不提供正规的课程，重点在于回应幼儿身、心、灵的发展与需要，帮助他们形成和谐的情感、创造及自由思考的能力。幼儿需要的是想象、节奏与活动的教学。"创意游戏"就是幼儿学习中最重要的一项。

华德福学校的幼儿每天至少各有一次户外和室内自由创意游戏活动，每次游戏时间约四十五分钟。幼儿将生命经验转变成游戏，在游戏中抒发情感，自由创意，重新建构新的经验。七岁之前的幼儿游戏可以分为三个阶段：身体的游戏、模仿想象的游戏及有目的的假装游戏。[②]比如：三岁左右的幼儿，精力充沛，除了借助动作外，还需要借助模仿想象的游戏来表现自我。幼儿将一个玩具幻想成另一个他想要的东西，如把一块木头想象成一匹马，过一会儿，同一块木头可能变成汽车……这是幼儿运用高级创意想象的开始。[③]

在世界各地的华德福幼儿园里，故事也是重要的学习内容。老师依据儿童

① Wilkinson, R. (1990, p.14). Commonsense Schooling. Sturbridge England: The Robinswood Press.
② Dancy, R. B. (1989, p. 145). You are Your Child's First Teacher. California: Celestial Arts.
③ Dancy, R. B. (1989, p. 147). You are Your Child's First Teacher. California: Celestial Arts.

年龄及需求,选择适宜的故事,计划故事叙述的时间和遍数。典型的童话故事一方面引导幼儿走入社会,使他们看见生命中的挑战、害怕和惊恐;一方面鼓舞他们勇敢地战胜困难,获得成长的力量。透过童话故事中各个角色的生命经历,教育的力量自然地与儿童的生命交融。另外,艺术活动也是华德福幼儿园教育内容的重要组成部分,主要包括:色彩的学习、绘画活动、蜂蜡捏塑、手工制作、歌曲欢唱。

(四)教育方法

1. 规律与重复

史代纳说过,规律是健康之柱,人类、大自然都在规律中演进,孩子经由规律与重复会获得完全的保护、爱、安全及和谐。因此,幼儿教育工作的重点之一,就是帮助孩子建立生命韵律感。从人类的历史文化、四季的变化、白天与夜晚的重复交替中,我们可以发现其中充满着节奏,节奏不断重复而产生秩序,人类生活在其中,深受其影响。

生命的韵律节奏如果遭到破坏,我们的健康状况就会受到干扰。而10岁前的孩子,其内在节奏较不稳定。因此,从幼儿阶段起需要使幼儿养成规律的生活作息习惯,帮助孩子健康平稳地形成生命的韵律节奏,同时也要让孩子感觉到大自然的韵律节奏,感觉自己也是世界的一部分,使生命节奏符合这个世界的韵律。

2. 模仿与典范

幼儿具有很强的想象能力及模仿能力,具有梦幻特质。他们沉浸在自己的世界中,一根树枝可能就是他们的一把剑、一支枪或一艘船。不要急着将幼儿阶段的孩子从梦幻世界唤醒,逼着他们去了解科学、物理、化学等学科的原理。

幼儿是通过模仿来学习的,同时经由感官来认识世界,他们的感官对所有围绕着他的事物开放。因此,给孩子一个良好的环境,并提供经验和模仿对象是华德福幼儿园所强调的。教师的任务是创设一个愉快的、亲切如家的环境,使孩子很快地融入其中。教师只要能多层面并且有节奏地重复自己的动作,孩子就能按其步伐去找到他所要的东西,实现他的模仿。

(五)教育环境创设

华德福幼儿园提供让孩子感受到快乐、支持的教育及能健康成长的环境。

环境的设计特别重视感官上的舒适,因此史代纳的建筑哲学被称为"有机建筑"。

　　首先,地板、墙壁等要能给人良好的视觉与触觉感受,以迎合幼儿敏锐的感受力。原木桌椅、地板,淡粉色的墙面,同色系的布帘给人以温馨、舒适感,以自然材质做成的玩具可供进行"创造力和想像力"的游戏。

　　此外,布置有"季节桌",显示出对季节之重视。配合大自然的规律变化,桌子上布置着当季的花果或孩子散步时拾回的小东西,也布置有相关节庆的代表物品,让孩子对大自然与节日有更多的了解。

　　每间教室都像一个家,设有一个厨房,有大人使用的厨具,供老师准备餐点,小朋友也可以给老师提供帮助。班级采用混龄方式,就像一个家庭,不同年龄的孩子互相交流和游戏,可以培养孩子的交往能力。

图7-1　成都华德福幼儿园

(六)作息安排

华德福幼儿园的作息安排相当重视韵律节奏,从另一个角度来看,它像人的呼气和吸气一样,具韵律节奏,活动在动静交替中和谐进行。

1. 自由游戏时间

每天早上小朋友约 7:30 起开始陆续入园,入园后大约有一个小时的自由活动时间,这段时间里,孩子随着自己的喜好即兴游戏,他们会在角落中组成小团体,有的小孩喜欢独自玩耍或由年龄稍大一点的孩子带入游戏,有的孩子会在老师身旁参与老师的工作,或是在老师身旁坐一会儿再开始投入游戏。

2. 晨圈

游戏接近尾声时,老师自己先动手整理收拾,借此引导孩子模仿,一起收拾物品。接着幼儿上洗手间去洗手,先盥洗好的幼儿可帮忙准备早餐,布置餐桌、餐具,用早餐之前大家先围成圆圈进行团体活动,晨圈中可能进行唱歌、庆生、手指游戏、说故事或轮舞的活动。"轮舞"是一种结合诗歌、舞蹈的韵律游戏,有时会配合季节来设计不同主题的活动。

3. 餐点

幼儿园的早点是师生共同准备的,每天食谱不同,但每周固定周几吃什么,强调自然健康的有机食物。

4. 户外活动

用完点心之后,有一段户外自由游戏时间,有时大家到附近的公园散步、捉迷藏,有时在教室外的沙坑玩沙或在花圃种植花木,等等,借以培养孩子对自然的热爱。

5. 童话故事时间

11:30 回到教室后,在放学之前,有的老师会吹笛子或弹竖琴以吸引小朋友的注意——老师要说故事了。老师不是拿一本书来念给孩子听,而是将故事提前背下来,用很自然的方式讲给孩子听。

除了每日作息强调节奏和韵律外,每周的课程也有它的节奏。例如,安排不同主题形式的活动,周一是画画,周二是园艺,周三是捏塑,周四做面包,周五是优律司美律动。至于每一季的变化,也会从教室的布置和季节桌体现出来。在节庆和生日庆祝会中,孩子可以体会到时间的意义。充满韵律节奏的作息及课程安排,促进了孩子身心平衡、健康成长。

思考与练习

1.比较不同幼儿园课程设计模式的课程目标、课程内容、课程实施以及课程评价。

2.比较不同幼儿园课程设计模式背后的理论基础和价值取向。

3.不同幼儿园课程设计模式对我国当前幼教课程改革有何启示?

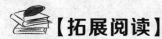

【拓展阅读】

高瞻课程模式时间表(半日制)

9:00—10:00	抵达/自选活动
10:01—10:15	集体活动
10:16—10:40	户外活动
10:41—10:55	点心
10:56—11:10	集体活动
11:11—11:30	讲故事、放学

第 8 章
园本课程

　　在一次课程研讨会上,有位一线幼儿园教师发言:"现在很多课程专家特别提倡幼儿园课程要本土化,要大力开展园本课程的开发。我们也很清楚园本课程开发的好处,但是在具体的开发过程中,我们经常感到很困难,不知道怎样有效地开发。"那么,园本课程和园本课程开发到底是指什么?幼儿园具体该如何开发园本课程?

【学习目标】

1.知识目标:了解园本课程及园本课程开发的内涵,理解园本课程的特点及功能。

2.技能目标:能够掌握园本课程开发的程序,开发一些简单的园本课程。

3.情感目标:通过开发园本课程,培养热情家乡、热爱本土文化的情感。

【学习重点】

能够掌握园本课程开发的程序,开发一些简单的园本课程。

【知识结构图】

```
                 ┌ 园本课程概述 ┌ 园本课程的内涵
                 │              └ 园本课程的特点与功能
                 │
园本课程 ────────┤              ┌ 园本课程开发的内涵
                 │              │
                 │              │ 园本课程开发的程序
                 └ 园本课程开发 ┤
                                │ 园本课程审议
                                │
                                └ 园本课程开发案例: 闽南本土与幼儿
                                  园园本课程开发
```

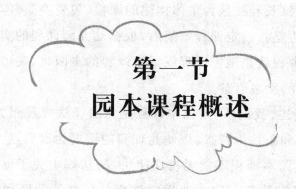

第一节
园本课程概述

一、园本课程的内涵

园本课程（Kindergarten-Based Curriculum）的提出源自校本课程（School-Based Curriculum）。1973年富鲁马克（Furumark）和麦克米兰（McMullem）在爱尔兰阿尔斯特大学召开的一次国际课程研讨会上最先提出"园本课程"这一概念。

2001年教育部颁布的《基础教育课程改革纲要（试行）》明确了课程开发的三个层次：国家、地方和学校。该纲要规定："学校在执行国家课程和地方课程的同时，应视当地社会经济发展的具体情况，结合本校的传统和优势、学生的兴趣和需要，开发或选用适合本校的课程。"随着课程改革的深入和发展，学校和地方将会得到更多的课程决策权。中小学校对校本课程的渴望与期待，直接地感染了幼儿园教育，幼儿园也开始轰轰烈烈地开发"园本课程"。①

关于园本课程的概念，学者们从不同角度提出了不同的看法。①以园本课程的开发主体定义园本课程。李季眉认为，我国幼儿园课程的权利主体和开发主体都是幼儿园，即幼儿园课程本来就属于园本课程，或者就是园本课程。陈时见、严仲连则认为园本课程实质上是一个以幼儿园为基地进行课程开发的民主决策过程，即园长、教师、课程专家、幼儿及家长和社区人士共同参与幼儿园课程计划的制订、实施和评价等活动。②以园本课程开发的实际基础定义园本课程，认为园本课程是指以幼儿园为基础，以本园幼儿的发展状况、现实需要、生长环境为核心，整合幼儿园、社区的各种资源而设计的课程（曹建萍）。③以园本课程开发主体与实际基础相结合定义园本课程，即园本课程是以国家的法律法规及

---

① 袁圆.解析"园本课程"[J].教育与教学研究,2010(8):135.

相关政策为指导,以幼儿园现实环境和条件为背景,以幼儿现实需要为出发点,以幼儿、幼儿园教师、家长和社区为主体构建的课程(焦爱美)。④从课程定义园本课程,认为园本课程是在一定课程框架内,根据幼儿园课程的实际需要而开发的,也有人认为园本课程就是地方课程或国家课程的本园化,突出园本课程是现代课程理念在幼儿园的发展形态。①

　　综合各方面的表述,我们认为,园本课程是以法律法规及相关政策为指导,以幼儿园现实的环境和条件为背景,以幼儿现实的需要为出发点,以幼儿园教师为主体构建的课程。园本课程不能无视法律法规,法规中关于促进幼儿全面和谐发展的宗旨必须贯彻执行。园本课程应该充分挖掘幼儿园和社区的课程资源,充分地与现实生活建立联系,充分地关注特定幼儿园的幼儿及教师的发展状况。园本课程追求的不是要有自己的课程,而是要有适宜于自己的课程。②

二、园本课程的特点与功能

(一)园本课程的特点

1. 以幼儿发展为本

　　园本课程开发的目的是为了更好地满足幼儿的实际发展需求,促进幼儿有个性地全面发展。这是对幼儿主体价值的珍视,是对教育个性化改革趋势的呼应。美国教育家杜威曾经提出,唯一的真正教育是通过对儿童能力的刺激而来的,儿童自己的本能和能力为一切教育提供了素材。《幼儿园教育指导纲要(试行)》中也指出,幼儿园教育应尊重幼儿的人格和权利,尊重幼儿身心发展的规律和学习特点,以游戏为基本活动,保教并重,关注个人差异,促进每个幼儿富有个性地发展。"以幼儿发展为本"的理念是园本课程开发的坚实理论基础,即关注每个幼儿,关注幼儿不同的个性,满足幼儿不同的发展需求,将幼儿看成学习与发展的主体,促进其最大限度的发展。

2. 体现幼儿园的特色与个性

　　幼儿园园本课程开发以尊重差异,满足不同地方、不同幼儿园的需要为前提,因此,它关注每一所幼儿园自身的特色,希望每一所幼儿园都能追求和展示

---

① 张水秀.幼儿园园本课程的研究综述[J].考试周刊,2014(57):183-184.
② 虞永平.园本课程建设之我见[J].幼儿教育,2004(5):4.

自身独特的个性。课程开发的主体以幼儿园的教师和幼儿为主;园本课程开发可以对自主选择的现成课程文本从目标、内容、组织与评价等各方面进行全面的改编、整合、补充与拓展,以使这些课程更符合幼儿园教育纲要的基本精神,从而真正满足幼儿个性发展的需求。园本课程开发就是尊重各个地区、各个幼儿园的具体差异,改变"千园一面"的现象,满足幼儿园和社区的特殊需求。事实上,园本课程开发的本质特点就是课程的个性化,最终目标也是要实现幼儿园课程的个性化,形成以幼儿园为本的适宜性课程特色。这种个性化主要是对本园幼儿、教师,本园物质条件,本园所处社区环境,本园文化以及办园理念等要素的反映,这些个性化综合体现了幼儿园的特色和风貌。

3. 生成性

幼儿园园本课程是生成性的课程,其开发和运作的历程彰显着特定情境中师生间的互动、体验、顿悟、灵感和创造,活动过程中伴随着非预设性、不确定性和动态性。园本课程体现了教育生活的丰富性、关联性,体现了师生共同参与、共同构建、共同生成教育活动的课程性,具有生成性的特征。生成性的主旨在于通过充分发挥教师在课程发展过程中的能动性、创造性,通过师生间的对话、互动,逐渐发现幼儿的兴趣、需要,形成共同的兴趣来设计、发展课程。生成的过程既是课程跟随具体情境不断调整、发展、完善的过程,也是教师与幼儿共同成长、共同发展的过程:幼儿在自身兴趣中自由探索、努力发展;教师则通过参与幼儿的活动,在对幼儿每一次的观察和发现中,在对教育契机的每一次把握和感悟中,在对幼儿的认识和理解中,使自己获得真正的发展。

4. 生活化

生活是人的生命最直接、最真实的存在状态,人在生活中体现价值,这种价值需要借助于一定的手段或方式来传承或实现,这种手段或方式即教育。所以,生活与教育息息相关,生活成为教育的本原性依据,成为教育的第一需要,更成为教育的重要载体——课程的第一需求。纵观20世纪学前教育课程发展的历程,课程一度被当作训练幼儿的工具,囿于幼儿园围墙之内,偏离了幼儿生活。为打破这些传统课程观,很多学者提出了回归生活的教育,如杜威提出了"教育即生活",即儿童的生长不能脱离儿童的生活,教育也不能脱离儿童的生活。陶行知先生认为,生活即教育,游戏即工作。他提出以幼儿园周围的社会生活、自然现象、风土人情为内容编成教材,以幼儿所能接触到的事物为主要内容。这主要是因为幼儿的学习是以直接经验为基础,在游戏和日常生活中进行的。而园本课程极具生活化色彩,它扎根于幼儿的生活世界,在生活中形成,又融于生活。园本课程中的每一个教育活动都是来源于幼儿的生活,同时它照顾幼儿的体验、需求、兴趣,使生活成为幼儿的课程。

5. 整合性

园本课程集结着园长、教师、课程专家、儿童、家长以及社区人士的智慧和力量。园本课程开发的过程是儿童、教师、幼儿园、社区互动整合的过程。它凸显了儿童个性的发展、教师专业化发展、幼儿园特色的形成以及社区的和谐发展,四者相互依存、动态整合:儿童的个性发展是目标,教师的专业化发展是条件,幼儿园特色的形成是表现,社区的和谐发展是结果。园本课程的整合性具体体现在如下三个方面:

一是内容整合,即各领域课程的内容整合。各领域课程的内容整合不是大拼凑,而是根据幼儿发展需要,筛选、融合、统整各课程内容。

二是手段整合,即网络、电视、电影、多媒体教学手段与传统的教学手段互相整合。

三是课程资源整合,即园内资源与园外资源的整合。

(二)园本课程的功能

1. 有利于促进幼儿全面主动发展

一方面,园本课程在尊重幼儿发展一般规律的同时,从幼儿园实际出发,尤其是从幼儿实际出发,确定课程目标,选择课程内容,组织适宜的活动,其针对的不是一般的幼儿和幼儿园,而是特定的幼儿和幼儿园。园本课程开发利用丰富的,以具体形象、生动活泼、亲自参与为特色的课程资源,可将幼儿的差异性与幼儿真实的生活引入到课程中,再配合具有开放性的社会和自然课程资源,对幼儿身体机能、认知水平、社会情感等发展具有促进作用。另一方面,幼儿作为园本课程开发的主体之一,面对丰富的课程资源,将面临如何获取信息,如何从众多信息中归纳探索出对解决问题有用的部分等问题。这一过程将促使幼儿最终成为学习的主体,学会主动地、创造性地利用一切可用资源,为自身的学习、实践、探索性活动服务。

2. 有利于幼儿教师的专业化成长

"园本课程"的提出，赋予了幼儿园在课程开发中"基地"的地位，也赋予了幼儿园园长和教师开发课程的权利。教师不再仅仅是课程的实施者，他们要带着自己对儿童和课程的理解、经验来生成和运用课程，要积极主动地参与课程决策、设计、实施、评价等过程。这样，幼儿教师作为园本课程开发和园本课程资源开发的主体，从一个单纯的课程执行者转变为集课程决策、设计、实施、评价于一身的人。角色的转变，必然对教师的素质提出更高的要求。各种课程资源引入课程，特别是各种现代化的教学设备进入课程，将极大地改变教师的工作方式。教师将不再只是教科书的被动讲授者、课程目标的被动执行者，教师将从课程边缘走入课程中心，成为课程目标和标准的制订者、实施者，主动、积极地参与课程的全过程，包括计划、实施、检查、评价等各个环节，实现工作方式的根本转变。无疑，这种转变将促进教师专业化成长和发展。

3. 有利于充分利用各种教育资源

园本课程的主要特征在于从幼儿园实际出发，挖掘与幼儿园有关的一切资源。普适性课程要求教师执行既定的课程文本，而园本课程注重对文本的建构，注重对文本相关的课程资源的开发和利用，应充分体现生活性、整合性，强调对一日生活活动的充分利用，强调对家庭及社区教育资源的充分利用。园本课程之"本"应该包括与幼儿园密切相关的家庭、社区等因素。因此，园本课程的建设，是充分利用各种资源的一个有效途径，当然也是确保幼儿园课程真正适合特定儿童的有效途径。①

---

① 虞永平.试论园本课程的建设[J].早期教育,2001(4):6.

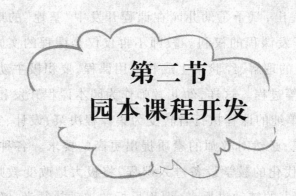

第二节
园本课程开发

一、园本课程开发的内涵

"园本课程开发"即以幼儿园为基地进行课程开发。在这个基础上，我们可以从两个层面去剖析"园本课程开发"的内涵：一是"园本课程的开发"，一是"课程的园本化"。前者指幼儿园作为课程的权利主体进行幼儿园自己的课程开发，后者指幼儿园作为课程的参与主体，根据自己的具体情况对国家或地方性课程进行园本化的适应性改造。前者是"原创"性的，后者则是"改编"性的。园本课程的开发，对于幼儿园来说可谓一项庞大的系统工程，开发条件与影响因素自然涉及诸多方面，例如办园理念、幼儿园的背景、发展的机制、师资队伍、课程研究能力等。除上述因素外，诸如幼儿的实际、家长的需要、国家政策、社会舆论、物质设备等也对园本课程开发有重要影响。各地幼儿园条件不同，水平不一，情况各异，在园本课程开发上必须保持特色，体现个性，园本课程的社会效益才能充分体现出来。

二、园本课程开发的程序

（一）建立园本课程开发的组织机构

成立课程开发委员会或相应的工作小组，该组织机构中的人员应有广泛的代表性，应包括园长、教师、幼儿家长、幼儿和社区代表以及课程专家等。

（二）幼儿园现状的分析

对幼儿园现状的分析包括需求评估、资源调查和问题反思等环节。具体而言,就是幼儿园在开发园本课程前,课程开发委员会或工作小组需要从幼儿园的历史背景、园本文化、幼儿实际需求、家长情况、社区情况与资源、是否有专家支持等方面进行分析。

(三)编制园本课程开发方案

园本课程开发方案是幼儿园关于园本课程开发的总体思路的概略性描述。下面以南京市梅花山庄幼儿园《幼儿园民间艺术教育课程》为例进行分析研究,其课程开发方案包括以下六个方面。

1. 现状分析与规划意图

通过查阅文献资料了解到我国幼教界开展民间艺术教育的理论与实践研究的现状;通过对本园教师特长的把握以及本园过去对民族艺术教育的研究,认为有必要对幼儿园民间艺术教育活动的开展进行整体、系统、深入的研究;从本园幼儿家长档案中了解到,部分家长是艺术教育工作者;从社区资源看,离幼儿园不远处就有市博物馆,且幼儿园附近的某条街上就有大量的本地工艺品商店;从幼儿实际情况看,本园幼儿参加的区、市级艺术活动成果累累;从专家支持角度看,本市就有一所师范大学,该大学学前教育专业教师中就有全国知名的幼儿园课程专家。

2. 理论基础

课程理论基础为课程内容的选择、组织架构提供了重要依据。在此值得关注的问题有两方面:一是有关于课程论的基础理论学科。由于这些学科的研究方法、研究对象,研究视角的不同,其研究结论对课程理论的构建也会产生影响。二是课程论的基础理论,即课程论所独有的研究对象、研究方法、研究结论。在这个问题上园本课程不能照搬其他学科的理论,或者完全借用其他学科的成果,不然会造成无休止的争论。此案例所涉及的理论基础有多元智力理论、活动教学理论等,在此基础上形成一些理论做参考。例如:儿童的艺术是儿童心理世界的真实流露,是儿童把握世界的一种方式,儿童具备学习艺术的潜能。

3. 目标的确立

园本课程开发目标包括两个相互联系的方面:课程开发一般性目标与课程自身的具体目标。前者指教育的价值与哲学,后者指学生通过学习相应的课程之后所具备的价值观、知识与能力。园本课程开发目标包括：一、建构符合中国特色的民间艺术教育课程体系；二、培养幼儿对民间艺术的审美情趣和能力，激发幼儿的民族意识与情感，开发幼儿的创造潜能，促进幼儿健全人格的发展。三、建设具有较高民族文化素养的教师队伍，实现教师与幼儿、师生与课程的共同发展、共同成长。

4. 内容的组织与实施

内容的组织与实施包括两个方面：一是课程内容的组织，主要是指知识、技能和学习经验的排列和组合方式。二是课程内容的实施，包括三个方面的选择与组合，即"教育的途径、活动的形式、教育学的方法"。

本案例中园本课程开发的内容暂时拟定为三个方面：

（1）民间文学，如童谣与童话、传说、神话、寓言故事、谚语与谜语等；

（2）民间音乐，如民间歌曲（民歌、儿童歌谣）、民族舞蹈、乐曲（摇篮曲、舞曲）、戏曲（京戏、地方戏、皮影戏、木偶戏）、乐器（打击乐器、管乐器、弦乐器、弹拨乐器）等；

（3）民间美术，如民间绘画（年画、版画、印染画、工艺画、水墨画）、民间手工（刺绣、剪纸、泥塑、扎染、中国结、竹艺）、民间雕塑、建筑与民间玩具等。

本案例中园本课程开发过程暂时拟定为四个方面：

（1）通过幼儿园环境及班级环境的创设，使之呈现出浓郁的民间艺术教育氛围，让幼儿能耳濡目染，发挥环境的教育作用。

（2）充分挖掘幼儿园、家庭、周围环境、社会可供利用的教育资源，并与一些民间艺术家、民间艺人建立联系，综合利用各种教育资源，形成民间艺术的教育合力，共同促进幼儿的发展。

（3）结合幼儿园的教育实际，综合运用多种组织形式，注重专门性艺术教育活动与渗透性艺术教育活动相结合，主题式教育活动与常规式教育活动相结合，集体活动与实践活动、分散活动相结合等，以丰富多彩的活动形式实施民间艺术教育活动。

（4）采取综合交叉的教育方法，即以一种目标为主体内容，以另一种相宜的形式为载体。如：以民间童谣配民间歌曲；以民间音乐、舞蹈表演民间神话、寓言故事；以民间美术配合民俗节日活动等。

5. 评价制度

在园本课程评价的过程中,首先要明确评价的标准,即以幼儿成长与发展为中心。园本课程的评价应有利于班级的建设、发展和完善,应立足于班级的实际情况,体现班级的个性与特色。幼儿园自身课程建设的水平,幼儿园园本课程开发的能力是幼儿园持续发展的动力,园本课程的评价必须有利于幼儿园自身的发展。其次,评价主体应注意收集来自幼儿、教师、专家、幼儿家长和社区等多渠道、多方面的信息,为幼儿建立成长档案。园本课程针对的不是抽象意义的儿童,而是从特定幼儿园实际出发、特定儿童的成长和发展出发,针对的是具体生活中的儿童。第三,在评价的内容方面,可以从园本课程文化、园本课程理论、园本课程形式与内容以及园本课程实施等方面来了解。

6. 保障措施

在课程保障体制方面,应建立专家咨询系统;与家长、社区建立良好的合作关系,挖掘家庭、社区中隐含的民间艺术教育因素,利用家长与社区人士的专长与能力为幼儿园提供丰富的艺术教育资源;建立教科研管理网络,健全组织制度和课程研究制度,并为课程开发提供必要的物力支持。

三、园本课程审议

园本课程审议特指以幼儿园课程开发为目的的课程审议。在我国,幼儿园课程不属于国家课程,因此,幼儿园对课程有很大的决定权,有较多的幼儿园正在进行园本课程的建设。园本课程审议是幼儿园课程开发的重要环节,也是幼儿园课程解决问题、形成课程决策的过程。园本课程审议的参与者,除了教师、园长、家长,还有其他相关成员,但教师是园本课程审议的主要力量。因此园本课程也就成了幼儿教育工作者的一种工作职责。课程审议可以采取以下几种形式:(1)选择性审议,这种发挥对课程内容、资源、方法及策略等要素的选择功能的审议,我们称之为选择性课程审议。(2)展开性审议,这种审议方式的作用是将课程开发的思路进一步展开。例如,通过课程审议形成主题或单元的线索及网络结构,找到不断扩展的课程内容及相关资源。(3)论证性审议,论证性课程审议面临的问题是设想、方案(计划)的可行性或合理性,审议中审议者除关注设想,方案(计划)本身外,还关注设想、方案(计划)尝试和实践的现实场景,只有将设想、方案（计划）放在特定的课程实践场景中，才有可能达到论证的目的。（4）判断性审议。这种课程审议也是较为复杂的，是对实践过程和实践背景进行深入的分析，需要区分不同背景，作出多种判断。（5）形成性审议。所谓形成性审议，就是以新的观念、新的内容、新的方法、新的策略、新的资源的创新为目的的课程审议。从这个意义上说，课程审议是一个集体创造的过程。

四、园本课程开发案例：闽南本土与幼儿园园本课程开发[①]

历史悠久的安海古镇为福建四大名镇之一，它文化底蕴深厚，民俗资源极其丰富，具有很深的文化教育内涵。对民间文化进行开发利用，让幼儿受到本土文化的熏陶，有利于本土文化的传承和幼儿心智的发展。本园以闽南文化为蓝本，充分挖掘本土文化的教育价值，使幼儿在了解、欣赏和学习闽南本土文化过程中获得快乐而充实的发展。

（一）精心选择适合引入幼儿园课程的闽南文化类型

如何对闽南本土文化进行筛选、整理和加工，使其成为幼儿能理解、接受并喜欢的教育内容，是笔者所在幼儿园建设园本课程的核心任务。因此，我们首先对博大精深的闽南本土文化进行了系统的挖掘、收集、归纳和整理。在此过程中，我们以挖掘闽南安海区域的风俗习惯、风土人情、传统文化艺术为主，选择了闽南童谣，如《老鼠仔》《中秋博饼》《拍铁哥》《天乌乌》《钉称子》《蜜蜂仔》《献沙包》《天啊一块铜》《年节真热闹》等；安海小吃，如糖粿仔、碗糕、食珍糕、咸果、炸菜粿、土笋冻、润饼菜、捆蹄、海蛎煎、面线糊等；民间游戏，如跳房子、系手绢、跳长绳、踢沙包、揪尾巴、翻花绳等；民间工艺，如彩扎灯、扎吉花、妆糕人、竹编、剪纸、漆线雕等；民俗节日，如中秋节、冬至、春节、元宵节、清明节、端午节等。与此同时，我们认识到并非所有的传统节日和民俗活动都是积极健康的，因此我们在选取本土文化时，还力求剔除其糟粕部分，如烧纸钱、求神拜佛等迷信活动，为幼儿营造一个积极、健康的本土文化教育氛围。

（二）在幼儿园创设浓郁的闽南文化环境

《幼儿园教育指导纲要（试行）》指出，环境是重要的教育资源，应通过环境的创设和利用，促进幼儿的发展。因此，我们首先将闽南传统文化融入环境，努

---

① 本案例摘自许瑜瑜.闽南本土文化与幼儿园园本课程开发[J].学前教育研究,2012(12).有删改。

力创设具有浓郁闽南文化气息,同时具有教育性、艺术性、探索性和开放性的楼梯、走廊等物质空间,让幼儿在与环境的互动中受到潜移默化的影响。例如,我们在幼儿园的楼梯墙面上布置了有关本土文化的各种图片,如安海小吃菜粿、豆腐花、土笋冻、碗糕、蓼花、捆蹄,民俗节日活动博饼、闹端午、闹元宵,安海民间工艺刺绣、藤轿、扎吉花、草编、彩扎灯,安海古迹水心亭、白塔、成功塔、龙山寺、安平桥、古厝等,以及幼儿制作的各种民间艺术作品。

其次,我们要求幼儿园各班级紧紧围绕所开展的主题活动,营造富有乡土气息的班级氛围,为幼儿提供主动学习的动态环境,让幼儿通过动手制作感受传统文化的乐趣,进而萌发对本土文化的兴趣和热爱之情。例如,中秋节时要求各班级布置中秋博饼、赏月等图片,并展示月亮周期变化图;元宵节时,要求各班级挂上各式各样的花灯,让幼儿从花灯的制作材料、造型、颜色等各个角度进行欣赏,进而感受花灯的美;端午节时,要求各班级教师与幼儿共同布置"划龙舟"的主题墙,以图片的形式展示"嗦啰嗹"的表演服饰及道具,鼓励幼儿模仿"采莲队"表演,并组织幼儿与家长共同制作和展示"龙舟"作品。通过互动,幼儿能进一步感受本土文化气息,加深对本土文化的认识。

再次,我们努力创设了富有闽南本土文化气息的活动区角,各班都有自己的"闽南特色区"。如有的班级创设了"民俗节日角",教师会在中秋节等民俗节日期间投放实物和图片,供幼儿操作。与此同时,我们力求创设一个整体化、趣味化的民间文化和活动环境。如在"冬至小吃DIY"活动中,我们在区角为幼儿提供了红、白两种颜色的糯米团,让幼儿制作不同形态的"冬至丸"。通过挑战自我,幼儿在亲自操作与亲身体验中进一步感受到了闽南文化的魅力。

(三)开展多种形式的闽南文化主题活动和游戏

《幼儿园教育指导纲要(试行)》指出,"各领域的内容相互渗透,从不同的角度促进幼儿情感、态度、能力、知识、技能等方面的发展"。遵从这一基本原则,我们以闽南本土文化为切入点,开展了系列主题活动。在活动之初,我们鼓励教师深入挖掘主题所蕴含的各种资源,使闽南本土文化主题活动能够涉及幼儿园教育的五大领域,从而保证幼儿获得相对完整的经验,促进幼儿全面发展。例如,大班闽南民俗节日主题活动"快乐端午"被分为三个小主题:一是"我知道的端午节",让幼儿了解端午节的起源,欣赏安海民歌《采莲歌》;二是"香香的粽子",让幼儿通过"我吃过的粽子""好吃的粽子""粽子香袋"等活动了解民俗饮食文化;

三是"趣味龙舟",通过欣赏划龙舟比赛、画龙舟、比龙舟等活动,让幼儿了解民俗体育文化。

在系列主题活动中,我们注意将不同的本土文化与不同年龄的幼儿联系起来。例如,在"中秋节"这一主题中,既可以生成适合小班幼儿的主题活动"月圆、饼圆、人团圆":月亮姑娘做衣裳、各种各样的月饼、我来做月饼、亲子博饼乐、中秋乐团圆等,也可以生成适合大班幼儿的主题活动"中秋月儿圆":漫谈中秋节、月亮里的秘密、中秋趣味习俗、我为爷爷打月饼(节奏乐)、大家来博饼、大家来赏月等。这就使得本土文化与幼儿园教育实现了最大限度的结合,并最大限度地回归了幼儿的生活世界。

在组织和开展闽南本土文化主题活动时,我们还格外注重活动形式的多样化,充分利用各种资源,开展走出去、请进来活动。如在开展"彩扎灯"主题活动时,我们请家长带幼儿参观"彩扎灯"的制作过程,从扎灯骨、糊纱布到上彩、上桐油,让幼儿切身感受家乡传统艺术的魅力。同时我们还采用了不同的活动形式,如游戏活动"多样玩竹"、民间游戏"套竹圈"、绘画活动"心愿彩扎灯"、手工制作活动"灯骨立起来"、欣赏活动"民间艺人入校园——百变竹篾""阮厝的彩扎灯"、参观活动"看阿婆糊灯去""花灯展"等,让幼儿对"彩扎灯"有了更进一步的认识。

民间体育游戏不仅能锻炼身体,还能培养幼儿的生活、交往、竞争、合作、创新等能力。我们在充分考虑不同年龄幼儿身心发展水平差异的基础上,为他们选择了适合其年龄特点的民间游戏,如小班开展"老鼠钻洞""套手绢"游戏,中班开展"跳房子""穿大鞋""踩高跷"游戏,大班开展"舞龙舞狮""划龙舟""系手绢"等民间游戏。同时,为使本土文化中的各类民间体育游戏与幼儿实际生活相结合,我们还对民间体育游戏进行了改编和创新。如大班"舞龙"游戏,我们将舞龙、鼓点的节奏和动作有机地整合起来,以提高幼儿听信号变速跑和看信号向指定方面跑的技能。又如在"切西瓜"游戏中,我们创编了"切柚子、切萝卜、切香蕉"等多个新游戏。此外,在早操活动中,我们还将朗朗上口、充满童趣的闽南民间童谣《正月点灯红》《草蜢弄鸡公》《天黑黑》《炒米香》《西北雨直直落》等编入体育游戏中,让幼儿在自主的民间游戏中快乐成长。

(四)捕捉各种教育契机,激发幼儿主动参与

生在闽南,长在闽南,闽南本土文化与闽南人的生活息息相关。教师在日常

生活活动中要善于捕捉教育契机,将本土文化教育渗透于幼儿的一日生活之中。如在开展"闽南小吃"主题活动时,我们要求教师在幼儿就餐时经常教他们各种食物的闽南方言说法,以及认识一些小吃;在开展民间游戏时,我们要求教师配上朗朗上口的、与游戏有关的闽南童谣或闽南音乐,让幼儿在充满闽南乡土氛围的环境中玩民间游戏。同时,我们真切地认识到家长是重要的教育力量,是教师最好的合作者,是幼儿园宝贵的教育资源,因此在开展主题活动时,我们都会有意识地引导家长参与活动的全过程。如在开展主题活动"中秋节"的过程中,教师就请家长带幼儿在家玩博饼游戏,了解游戏的基本规则和玩法,带幼儿赏月,学习月饼制作等。实践证明,家长的参与可以大大提高幼儿参加活动的兴趣和积极性。

此外,在传统节日里,闽南民众会用自己的方式来进行庆祝,整合这些社会资源能够更好地拓展幼儿园的本土文化教育活动。例如,在开展与端午节有关的主题活动时,我们就要求家长带着孩子一起去观看"踩街""嗦啰嗹""水上捉鸭""攻炮城"等民间娱乐活动,同时组织亲子包粽子活动;元宵节期间,要求家长带领幼儿去社区赏灯猜灯谜;中秋节时,带领幼儿一起玩博饼等。通过不同形式的游戏活动,幼儿在充满闽南文化气息的真实氛围中很自然地受到了本土文化的熏陶,扩展了知识面,增强了动手能力,更是发展了热爱家乡的良好情感。

思考与练习

1.简述幼儿园园本课程开发的特征与程序。

2.结合幼儿园实际,找出幼儿园园本课程开发中的问题并提出改进的策略。

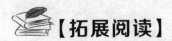

【拓展阅读】

李子健、杨晓萍、殷洁《幼儿园园本课程开发的理论与实践》

本书一共八章。第一章从整体上对园本课程开发的背景进行了梳理;第二、三章剖析了园本课程开发的基本理念及基础;第四至第七章采用理论与实践交又互补的方式，对园本课程开发的内容、实施、评价、设计等进行了重点阐释，第八章列举了实践中园本课程开发的一个典型案例——四川成都"川西民间艺术与民俗资源在幼儿教育中的应用研究"课题组的研究成果；最后对园本课程开发存在的问题进行梳理并提出展望。应该说，此书是大量心血与智慧的凝结。它是李子建教授多年讲授"课程变革与实施"的心得和体会的积淀，是"一切为了孩子的学习"理念的体现。